Charly Wehrle - *Mit Hackbrett und Kontrabass*

Panico

Charly Wehrle

Mit Hackbrett und Kontrabass

Musiktrekking zum Dach der Welt

ISBN 3-926807-83-0

1. Auflage 2000

ISBN 3-926807-83-0

Alle Fotos von Charly Wehrle, ausgenommen Seite 22: Malte Jochmann und Seite 168: Andi Wipper.

Golterstrasse 12
D-73257 Köngen
Tel. (0 70 24) 8 27 80
Fax. (0 70 24) 8 43 77
alpinverlag@panico.de

printed die Bühlersche Grafik & Druck oHG
Beim Tiergarten 5
D-72574 Bad Urach
Tel. (0 71 25) 14 43-0
Fax. (0 71 25) 14 43-0
info@buehlersche.de

Für meine Eltern

*„Die Heiterkeit ist ein Mittel zur Erkenntnis der Wahrheit,
denn – um diese Erkenntnis zu erlangen – muß die Seele,
die unruhig und verworren gewesen ist, rein und heiter werden."*

Butön, buddhistischer Philosoph (1290 - 1364)

Inhalt

Einleitung

Oft denke ich darüber nach, wo meine Leidenschaft fürs Reisen wohl ihren Ursprung hat. Dass mein Vater mich früh zum Lesen angeleitet hat, scheint mir inzwischen der Hauptgrund zu sein. Kinderträume wurden geweckt, entwickelten sie sich zu Jugendträumen und stauten sich mehr und mehr auf. Es war nur eine Frage der Zeit, bis der Topf mit der Reiselust zum Überlaufen kommen sollte. Die Zeit als junger Tramper, die mich in die verschiedenen Ecken der Alpen führte, war nur die Vorstufe.

Zur Zeit der Einmusterung – 1967/68 – habe ich den Wunsch, zu den Gebirgsjägern nach Mittenwald eingezogen zu werden. Das zuständige Kreiswehrersatzamt schickt mich jedoch zu den Gebirgspionieren nach Brannenburg. 1970 treffe ich dann während eines Kletterausfluges auf der Schwäbischen Alb Garmischer Kletterer, mit denen ich mich anfreunde. So lerne ich das Werdenfelser Land kennen, das mich schon immer interessiert hatte: Das Wettersteingebirge, die Stuibenhütte, das Oberreintal und die Garmischer Jungmannschaft. Mein bisher so geradliniges Leben beschreibt hier einen markanten Bogen, der mich einerseits tief hineinführt ins Wettersteingebirge, andererseits aber auch hinaus in die Weite der Welt.

Weihnachten 1972 lerne ich auf der Stuibenhütte Rainer und Elisabeth Pliske kennen. Rainer hat seine Mandoline dabei. Zusammen mit Siggi Thomasch, der dazu leise auf dem Akkordeon spielt, untermalen sie musikalisch den schon immer etwas eigenen Heiligen Abend in der kleinen Stube. Wir kommen ins Gespräch und Rainer erzählt mir, dass er im Frühjahr 1973 mit seiner Frau Elisabeth für längere Zeit nach Persien aufbrechen wird. Im Auftrag der Post soll er dort ein Telefonnetz planen.

„Mein Gott, die Leute haben's doch schön", entfährt es mir spontan.
„Besuch uns halt mal", entgegnet mir Rainer.
„Wie stellst du dir das vor, bei meinem leeren Geldbeutel?", werfe ich ein.
„Ganz einfach, Charly. Von München weg gibt es einen Linienverkehr bis Teheran, den betreibt die Firma Europabus mit Sitz in Frankfurt. Die sind unwahrscheinlich preiswert, mit Halbpension kostet die Reise dorthin um die 500 Mark."
„Na gut, Rainer, irgendwie werde ich schon eine Möglichkeit finden, eine Reise zu euch nach Persien zu organisieren", antworte ich in überschwänglicher Laune. Am liebsten würde ich schon morgen aufbrechen.
Gleich nach Weihnachten hole ich im Büro der Zweigstelle von Europabus am Münchner Hauptbahnhof Informationen ein. Tatsächlich: Es gibt diese günstige Buslinie von München über Istanbul nach Teheran, 450 Mark mit Halbpension. Meine Vorfreude auf die kommende Reise ist so groß, dass ich die folgenden Wochen in einem einzigen Stimmungshoch erlebe.
Ende März kommt mein Sohn Thomas auf die Welt. Dass ich mich vehement gegen eine Heirat stemme, bringt mir harsche Kritik meiner Eltern ein. Dazu eröffne ich ihnen auch noch, dass ich im kommenden Sommer nicht arbeiten will. Dies sei möglich, weil ich meine Arbeitsstelle wechsle und von Rosenheim nach Garmisch-Partenkirchen ziehen wolle, füge ich an.
„Ja, und wie machst du das finanziell?" fragt mein Vaters mit sorgenvoller Stimme.
„Irgendwie wird's schon gehen", gebe ich ihm zur Antwort.
Tatsächlich bewege ich mich auf einem schmalen Grat. Alimente stehen an, dazu Bausparvertrag und Lebensversicherung. Kurzerhand nehme ich einen Kredit von 1000 Mark auf. Die einzige Sicherheit, die ich habe, ist die Arbeitsstelle in Garmisch-Partenkirchen, die ich am 7. September antreten muss. Aber ich werde fahren, ob mit oder

ohne Geld! Die Reise ist mir einfach zu wichtig. Ich will endlich Abstand gewinnen, zum erlernten, aber ungeliebten Beruf.
Mein Bruder Siggi bringt mich am 16. Juni 1973 zum Münchner Hauptbahnhof, von wo aus der Europabus morgens um 8 Uhr Richtung Asien startet. In meinem Reisegepäck befindet sich neben den normalen Utensilien auch Alpinausrüstung: Steigeisen, Eispickel, Daunenzeug. Vielleicht ergibt sich ja eine Möglichkeit, den 5672 m hohen Demawend zu besteigen.
So führt mich meine allererste Reise den Balkan hinunter nach Asien. In Istanbul gönne ich mir einen Tag Pause. Das orientalische Leben der Stadt am Bosporus sauge ich mit allen Poren auf: Blaue Moschee, Hagia Sophia, Topkapi-Palast, Galatabrücke, Goldenes Horn. Mein Herz geht vollends auf, als ich anderntags auf einer Fähre im Morgendunst die Minarette der Moscheen Istanbuls und mit ihnen Europa am Horizont verschwinden sehe.
Die Weiterreise durch die Türkei, vorbei am Ararat hinein nach Persien erlebe ich wie im Traum. Die Hauptstadt Teheran am Fuße des Touchal, die herrlichen orientalischen Anlagen der Stadt Ghom mit ihren goldenen Moscheenkuppeln, die türkisfarbenen Minarette von Isfahan und die herrlichen Gärten in Shiraz bezaubern mich. Eine Theateraufführung im antiken Persepolis nimmt mich gefangen. Der Höhepunkt dieser meiner allerersten Reise aber ist die Besteigung des 5672 m hohen Demawends im Elbursgebirge.
Geblieben ist mir die unauslöschliche Erinnerung an diese für mich so wichtige Reise – mein Schlüsselerlebnis schlechthin. Seit diesen Tagen im Sommer 1973 fesselt mich die Kultur und das einfache Leben der Menschen in Asien.
Drei Jahre später kann ich an einer Herrligkoffer-Expedition zum Nanga Parbat teilnehmen. Wanda Rutkiewicz ist die stellvertretende Expeditionsleiterin. Die Unternehmung verläuft dramatisch, der Innsbrucker Bergsteiger Sebastian Arnold stürzt tödlich ab, den Gipfel erreichen wir nicht. Doch diese Reise ins Innere Asiens bewegt

mein Inneres: Die Erfahrungen, an einer Expedition teilzunehmen, die herbe und kompromisslose Landschaft des Karakorums, aber auch die Persönlichkeit der Wanda Rutkiewicz stärken meinen Drang nach einem freieren und unabhängigeren Leben.

Vier Jahre später – inzwischen bin ich Hüttenwirt geworden – führt mich mein Weg nach Sri Lanka, der immergrünen tropischen Insel im Indischen Ozean. Kurz vor Ausbruch des Separatistenkrieges kann ich noch völlig unbehelligt die ganz im Norden liegende Stadt Jaffna besuchen. Heutzutage wäre das viel zu gefährlich, wenn nicht gar unmöglich. Dann vergehen dreizehn Jahre, bis ich nach vielen Reisen in andere Länder wieder nach Asien fahre. Diesmal, um Indien auf auf dem Landweg zu durchqueren. Die Slums Bombays, der Zauber Goas, das tropische Kerala, die heilige Stadt Varanasi am Ganges zeigen mir die verschiedensten Gesichter des riesigen Landes. Über Nordindien fahre ich mit dem Omnibus nach Kathmandu und lerne so Nepal kennen. Zwar habe ich nur gut zwei Wochen Zeit, doch hoffe ich auf gutes Wetter, um diese Tage im Solo Khumbu zu verbringen.

Auf meinem Weg zum Lobuche- und Gokyo-Peak treffe ich Ang Gyalzen Sherpa. Eine zufällige Begegnung, die sich zu einer ganz besonderen Freundschaft entwickeln wird. Die Brücke vom Wetterstein nach Innerasien ist geschlagen, geboren aus der stillen Liebe zu diesem Kontinent, die im Sommer 1973 ihren Anfang genommen hat.

Reintalanger

Carolin Schattenkirchner

Am Fuße der Zugspitze - dem höchsten Berg Deutschlands - steht auf 1370 Höhenmetern die Reintalanger-Hütte. Auf dieser Hütte verbringe ich bereits seit drei Jahren jeweils einen Sommermonat.

Wenn im Reintal die Nacht hereinbricht und die Wanderer müde vom Tag in der Gaststube sitzen, aber gestärkt sind durch Charlys Küche, Bier- und Weinkeller, werden sie noch zusätzlich mit Stubenmusik beglückt. Charly, der Hüttenwirt, spielt das Hackbrett. Die restliche Instrumentierung ist davon abhängig, wer gerade noch auf der Hütte weilt. Kontrabass, Akkordeon und zwei Gitarren sind es an diesem Abend. Und wie fast jeden Abend immer dabei: Sherpa Gyalzen, ein Mann aus Nepal, dessen Dorf am Fuß des höchsten Berges der Erde steht, auf 3440 Höhenmeter! Jämmerlich kommen mir dagegen die müden 1370 Meter der Reintalanger-Hütte vor. Selbst die brachiale, steile Wand gegenüber der Hütte mit ihren 1000 Metern fast senkrecht aufsteigenden Felsen dazugezählt, rückt das Ganze noch nicht mal annähernd auf die Höhenlage von Gyalzens Dorf. Unvorstellbar sind für mich die gigantischen Ausmaße der Berge, die dieses Dorf umringen.

Der Gedanke an die 5000, 6000 und 8000 Meter hohen Gipfel löst fast Höhenangst in mir aus. Während ich vor der Hütte stehe und meine Augen langsam von unten nach oben durch die 1000 Meter Wand wandern und ich meinen Kopf schon verdammt weit nach hinten kippen muss, um den Gipfel zu sehen, beschäftigt mich die Frage, ob ich meinen Kopf jemals weit genug abwinkeln könnte, um die gigantischen Berge Nepals mit den Augen bis hinauf zum Gipfel zu verfolgen.

Gyalzen erzählt mir, dass es ein nepalesisches Wort für 'Berg' gibt und eines für 'Hügel'. Meine Frage, was diese 1000 Meter Wand sei, beantwortet er mit einem verschmitzten Lächeln: „Hügel."

Und wie immer, wenn es gerade besonders schön ist und Gyalzen unsere Musik besonders gut gefällt, spricht Charly von seiner Idee: „Wenn Gyalzen 60 Jahre alt wird, werden wir in seinem Dorf in Nepal ein Geburtstagsständchen für ihn spielen!"
Ich muss lachen, denn die Idee ist so unvorstellbar wie die gigantischen Berge von Nepal. Meinen Kontrabass zehn Tagesmärsche zu Fuß von der letzten Busstation aus ins Dorf Namche Bazar zu tragen? Ausgeschlossen!
Und trotzdem: Sechs Monate später, im Februar 1998 (das Jahr, in dem Gyalzen 60 Jahre alt wird) erreicht mich Charlys Anruf: „Im Dezember gehen wir nach Nepal, du bist doch dabei?"
Nach und nach kann er noch Malte und Simon, zwei Gitarristen, Erich, einen Akkordeonisten, und Beeker, einen Trommler, für seine Idee begeistern. Alles Bekannte und Freunde, die auch öfter auf der Reintalanger-Hütte anzutreffen sind. Außerdem werden noch Andi und Ebi, zwei Kameramänner, organisiert, die die Reise der wandernden Musiker festhalten sollen. So wurden wir schließlich zu einer vorläufig achtköpfigen Gruppe. In Nepal würde dann Sherpa Gyalzen mit sechs Trägern hinzukommen. Anfang Januar soll ein weiteres Mitglied der Reintal-Crew dazustoßen: Anke aus Berlin.

Resham Piriri

Die Bergsaison neigt sich dem Ende zu, was für mich bedeutet, dass ich wieder ein Jahr älter geworden bin, denn jedes Mal kurz vor Hüttenschluss ist mein Geburtstag. Fällt er auf ein Wochenende, ist das Haus voller Freunde, ist er unter der Woche, wird es meist ein gemütlicher Tag. Am Vorabend wird Mitternacht abgewartet, um noch ein wenig in das neue Lebensjahr hineinzufeiern.

Jedes Jahr haben meine Mitarbeiter einen guten Einfall als Geburtstagsgeschenk parat, so ist es auch diesmal. Bereits am frühen Abend darf ich die Küche nicht mehr betreten, um nicht irgendwelche für mich bestimmte Überraschungen zu entdecken. Kurz vor Mitternacht darf ich diesmal endlich die Gaststube verlassen, meine Freunde schicken mich ins Freie. Unten am Bach stehen wie immer Biertische, auf einem davon ist mit Teelichtern die Zahl „49“ geschrieben. Sie leuchtet in die Nacht hinaus und ich finde die Idee meiner kreativen Freunde großartig.
Carolin und Erich, die Kameraleute für unsere Nepalreise, Ebi und Andi, sowie ein paar andere Freunde, kommen am nächsten Tag auf die Hütte. Sogar Anke, die eigentlich für ihre Magisterprüfungen lernen sollte, ist da. Nach einem gemütlichen Kaffeeklatsch am Nachmittag gibt es abends feinen Lammbraten und guten Wein. Bald spielen Matthias „Beeker“ Bauche, Carolin und Erich jazzige Stücke, dann spielen wir zusammen bayerische Weisen.
Zwischendurch packe ich die mitgebrachten Geschenke aus. Es dauert nicht lange, bis ich auf ein mittelgroßes Couvert stoße. Gespannt öffne ich es, drei Notenblätter kommen zum Vorschein. Bei näherem Hinschauen erkenne ich nepalesische Musikstücke, von Erich arrangiert. Eine ganze Weile betrachte ich die Notenblätter, und Erich betrachtet mich.
„Muss ich diese Stücke etwa für unsere Reise lernen?“, frage ich leicht verblüfft in die Runde.
„Charly, wenn’s geht bis Ende November, sei so gut. Das sind drei der populärsten nepalesischen Volksstücke. Du wirst sehen, wie wir mit denen Erfolg haben“, entgegnet mir Erich.
„Ich will’s versuchen, Erich, auch wenn ich mich momentan damit überfordert fühle. Sei nicht enttäuscht, wenn ich es nicht schaffe“, antworte ich ihm etwas kleinlaut.
„Schau her, Charly, ich spiele dir mal die Stücke vor. Zuerst ‘Resham Piriri’, die Nummer eins der volkstümlichen Hitparade in Nepal.“

Schon hat Erich die Ziehharmonika in der Hand. Das Lied klingt gleich so gut in meinen Ohren, dass ich mich in die Melodie regelrecht verliebe. Aber auch „Nepali 2“ und „Nepali 3“ haben ihren ganz eigenen Charakter, besonders „Nepali 2“, das mit seinen Moll-Tönen sehr melancholisch wirkt. Über einen Bekannten in Kathmandu war Erich auf diese Melodien gestoßen und hatte sie eigens für unsere Gruppe arrangiert: Für Akkordeon, Tenorhorn, Hackbrett, Schlagzeug und drei Gitarren.

Kaum ist die Hütte geschlossen, melde ich mich bei Marianne Kirch in München-Haidhausen zum Hackbrettunterricht an. Ich will die schwierige Aufgabe anpacken. Schon bald stellt sich Erfolg ein und ich sehe unseren ersten gemeinsamen Übungsabenden im Untergeschoss des Alpinen Museums München gelassen entgegen. Erich, der mit Carolin und Beeker in zwei Stuttgarter Bands spielt, aber auch solo auftritt, probt diesmal mit uns Laien. Er ist in dieser Zeit ziemlich angespannt, manches Mal kritisiert er uns harsch. Doch die Kritik ist sachlich und konstruktiv, ohne sie kämen wir sicher weit langsamer voran. So sind wir anderen – Carolin, Malte, Simon, Beeker und ich trotzdem immer guten Willens.

Drei Wochen später treffen wir uns zur Generalprobe in Bernhausen bei Stuttgart, wo es noch einmal heißt: Proben, proben und nochmals proben. Eisenhart arbeitet Erich mit uns. Am Wochenende sind zwei Konzerte im „Anker“, einer Bernhausener Alternativkneipe, angesagt. Im gleichen Haus wohnen auch Erich und Carolin oben im ersten Stock.

Nachmittags bauen wir die Bühne auf, abends werfen wir uns in ein flottes Gewand und um 21 Uhr geht`s los. Der „Anker“ ist zum Bersten voll. Zigarettenqualm zieht durch die Wirtschaft und es ist unwahrscheinlich warm. Obwohl ich gut geübt und gelernt habe, spielen mir meine Nerven einen Streich. Nicht einmal Beruhigungstropfen helfen mir. Die Angststelle bei „Resham Piriri“ geht wider Erwarten tadellos, dafür „verhaue“ ich die Solostelle in „Nepali 3“.

Trotzdem - die Leute klatschen Beifall und finden die Nepalistücke großartig. Am nächsten Abend ist der „Anker“ nochmals genauso voll wie am Tag zuvor und meine Nervosität ist völlig verflogen. Heute spielen wir wie aus einem Guss und sind unwahrscheinlich happy, als „Resham Piriri“ als Zugabe verlangt wird.

Auf der Suche nach einem Kontrabasskoffer

Eigentlich ist Carolin dagegen, einen Kontrabass mit in den Himalaya zu nehmen. Über Pro und Kontra diskutieren wir beide schon längere Zeit. Schließlich kann ich Carolin doch überzeugen. Das Argument, dass gerade der Kontrabass das Herzstück unserer Musikgruppe sein wird, dass ein Bass für gute Fotos und auch für unseren Film wegen seiner außergewöhnlichen Form wichtig sein wird, zieht. Und überhaupt, ein Kontrabass gäbe von Anfang an eine gewisse heimelige Atmosphäre, sowohl beim Musizieren als auch innerhalb unserer Gruppe.

„Einverstanden“, meint Carolin, „mein alter Bass bleibt aber hier.“ „Und mein wertvolles Stück von der Hütte“, werfe ich ein, „kommt auch nicht mit, der ist zu schade.“ Tatsächlich ist es wegen der gravierenden Temperaturunterschiede während der Winterzeit problematisch, einen Holzbass mitzunehmen. Nicht selten ist ein Kontrabass dabei einfach auseinander gesprungen.

Gut, dass es mittlerweile auch Kunststoffbässe gibt - besser noch: dass Carolins Basslehrerin einen solchen besitzt. Er ist relativ neu und war nicht ganz billig. Doch Gott sei Dank willigt sie ein und überlässt uns den Bass leihweise, jedoch nur unter dem Vorbehalt, möglichst große Vorsicht walten zu lassen, vor allem beim Transport. Eine normale Kontrabasstasche ist für einen Flugzeugtransport in

Bildteil 1 - Die Vorbereitung

Im Wind flatternde Gebetsfahnen verbinden die Erde mit dem Kosmos.

oben Die Reintalangerhütte – ein Stück Nepal im Wetterstein.
rechts Steinmann am Reintalanger.

links Sherpa Gyalzen
oben Gebetsmühle an der Partnach.

oben Generalprobe im Gasthaus Anker.
rechts Carolin mit dem altehrwürdigen Kontrabass beim abendlichen Musizieren auf der Reintalangerhütte.

Beim Flug nach Kathmandu eröffnen sich bizarre Tiefblicke.

großer Höhe wegen der extremen Minusgrade schlicht und einfach zu dünn. Also brauchen wir eine Basskiste, nur: Wo hernehmen? Ich rufe beim Geigenbaumuseum in Mittenwald an und erhalte von einer freundlichen Dame am Telefon eine positive Auskunft. „Gehen Sie zum Kontrabassbauer Michael Krahmer hier im Ort, die verleihen solche Transportkisten.“ Tausend Dank und nichts wie hin.
Durchs tiefverschneite Werdenfels fahre ich nach Mittenwald und frage mich zu besagter Bassfirma durch. Schließlich finde ich die Werkstatt. Ein aufgeweckter, junger Mann begrüßt mich. Ihm bringe ich mein Anliegen vor und erkläre gleichzeitig, dass unsere finanziellen Möglichkeiten schon ziemlich ausgereizt seien. Unnötig, denn Michael Krahmer ist von unserer Idee und unserem Vorhaben sofort so begeistert, dass er uns einen seiner zwei Basskoffer, die er momentan in seiner Garage liegen hat, sozusagen als Spende leiht. Normalerweise sind diese steifen riesigen Polyestersärge nur für irgendwelche Orchester gedacht, die auf Welttourneen gehen, wie z.B. die Münchner Philharmoniker. Während ihrer letzten Reise war unsere Kiste in Korea.
In seiner malerischen, von Bässen und Bassteilen überladenen Werkstatt, in der ein Geselle gerade einen alten Bass restauriert, unterhalten wir uns angeregt über das geplante Unternehmen im Himalaya. Im Sommer will er mich auf der Hütte besuchen. Mit Müh und Not bringe ich die überdimensionale Basskiste in meinen Opel, das Halsteil der mächtigen Hülle passt haarscharf vorne zwischen die zwei Sitze hinein, dann fahre ich wieder in Richtung Ohlstadt.
„Was bist du doch für ein Glückspilz“, rede ich mit mir selber, aber schon im nächsten Moment fällt mir ein, dass wir ein gewaltiges Gewichtsproblem haben werden. An die 100 kg Übergepäck werden es schon werden, allein dieser Basskoffer wiegt 50 kg. Dann noch mein Hackbrett mit 20 kg und etliche andere Ausrüstungsgegenstände. Freundlicherweise bekommen wir von der Fluggesellschaft eine Freistellung für 80 kg. Ich bin erleichtert.

Aufbruch

Das Werdenfelser Land versinkt im Schnee. Am Morgen des 4. Dezember verlasse ich Ohlstadt mit gemischten Gefühlen. Ich bin derart gespannt auf die nächsten Wochen, ist es doch das erste Mal seit der Nanga Parbat-Expedition 1976, dass ich mit einer größeren Gruppe unterwegs sein werde. Fast alle meine großen, vergangenen Reisen durch die verschiedenen Kontinente hatte ich mutterseelenallein unternommen. Was ist, wenn Teilnehmer krank werden, wenn es Ärger unter uns gibt, wenn Schwierigkeiten mit den Trägern entstehen oder wenn uns das Wetter einen Strich durch die Rechnung macht? Schließlich ist es keine Kleinigkeit, acht Individualisten wohlbehütet durch allerlei womöglich auftauchenden Unannehmlichkeiten zu leiten. Dennoch überwiegt in mir das gute Gefühl für unsere Sache, als daheim die Haustüre zuschnappt und ich unterwegs bin, von meinem Alltag losgelöst. Noch auf jeder Reise hat mich neben der normalen Lebensfreude ein Schuss Naivität beschützt.
Dichter Flockenwirbel macht die Straße zu einer einzigen Rutschbahn. Auf Bayern 3 läuft ruhige Popmusik, und der Radiosprecher gibt die Straßenverhältnisse durch, Autobahn München-Nürnberg-Frankfurt zum Teil Schneefahrbahn, dann wieder die vertraute Bayern 3-Erkennungsmelodie.
Simon erwartet mich schon ganz ungeduldig. Ich spüre, dass er von wahnsinnigem Reisefieber gepackt ist und sich unbändig auf unsere Tour freut. Mit dem Rückspiegel ist ab jetzt nicht mehr viel anzufangen, denn mit Simons Gepäck ist mein Opel bis unters Dach vollgepackt. Meinen Beifahrer sehe ich kaum, so viel Platz nimmt der Kontrabasskoffer ein. Uns abwechselnd fahren wir nun in Richtung Frankfurt, der Schneefall hat ein wenig nachgelassen. Simon liebt laute und harte Musik, dennoch darf ich zur Bergsteigersendung auf Bayern 2 umschalten. Bei Wertheim am Main gibt es den üblichen Abendstau, eine knappe Stunde verzögert er unsere Ankunft im Rod-

gau bei meinem älteren Bruder Werner. „Na, ihr Weltenbummler", werden wir begrüßt. Schwägerin Hilde lädt uns zum Abendessen ein, jedoch wollen wir uns nicht lange aufhalten, zumal es draußen wieder heftigst zu schneien beginnt. Irgendwie muss mein Neffe Klaus noch auf den Beifahrersitz geklemmt werden, denn er soll mein Auto wieder mit zurücknehmen. Bis wir am Frankfurter Flughafen sind, haben wir eine gefährliche Rutschpartie hinter uns. In der Tiefgarage Airport Frankfurt/Main beginnt das große Ausladen. Rucksäcke, Seesäcke, Gitarre, Hackbrett und zum Schluss der Basskoffer mit zwei kleinen Rädern an seiner Unterseite. Das sperrige Ungetüm sorgt hinter den Glas- und Schiebetüren für Kopf schüttelnde Passanten.
Treffpunkt ist der Schalter der Royal Nepal Airlines, 21 Uhr. Simon und ich sind die ersten, die eintreffen. Pünktlich treffen zuerst Carolin, Erich und Beeker, dann Malte und Ebi und zum Schluss Andi in der Wartehalle ein. Auf jedem Gesicht spiegelt sich die gleiche erwartungsvolle Spannung, die so gut zur prickelnden Atmosphäre eines Flughafens passt. Jeder meiner Gefährten erscheint mit kurzem Haarschnitt und alle in ihrer neuen blauen, gelben, roten oder schwarzen Daunenjacke.
Statt pünktlich um 23.15 Uhr starten zu können, werden wir mit einem Essensgutschein für das Chinesische Restaurant im Flughafen abgefunden. Gelassen sitzt jeder in einer Ecke, isst sein Gericht, schläft oder liest, bis wir irgendwann zum Einchecken aufgerufen werden. Mit dem Gepäck haben wir Gott sei Dank keine Probleme. Gegen drei Uhr morgens ist endlich alles verstaut, die Pässe kontrolliert, der Sicherheitscheck liegt hinter uns, nur noch aufs Einsteigen warten wir sehnsüchtig. Kurz nach vier ist es soweit, an der Flugzeugtüre erwarten uns freundliche Stewardessen: „Good morning, Namaste".
Wir bekommen die ersten Tageszeitungen in die Hand gedrückt. Dann können wir uns über das ganze Flugzeug verteilen, so wenig Fluggäste sind an Bord. Das kommt uns unwahrscheinlich entgegen.

Wir können uns längs über die Sitzplätze legen und erst einmal ausruhen. Um 5 Uhr schließlich hebt die nepalesische Maschine ab in Richtung Balkan-Asien-Fernost. Wir erleben einen phantastischen Tagflug mit klarster Sicht auf die Türkei und den Ararat, später auf bizarre Wüstenlandschaften und auf den Riesenvulkan des über fünftausend Meter hohen iranischen Demawend. Unwillkürlich gehen meine Gedanken zurück. Unglaubliche 25 Jahre sind es schon her, seit ich an einem herrlichen Schönwettertag im Juli 1973 mit Rainer und Elisabeth Pliske seinen Gipfel betrat, ein jeder mit irrsinnigen Kopfschmerzen, dafür aber belohnt mit einem gewaltigen Blick hinaus in die Weiten Asiens. In besonderer Erinnerung sind mir die herrlichen dunkelroten Mohnblüten am Fuße des riesigen Vulkankegels und der weiße Esel, der unsere Ausrüstung zur Biwakschachtel hinauftrug.

Ankunft

Ruhig setzt unser Airbus auf Katmandus internationalem Flughafen Tribhuvan auf. Unser Handgepäck ist hergerichtet und wir alle sind etwas nervös, besonders Malte, Simon, Carolin, Beeker und Ebi. Sie waren noch nie zuvor in Nepal. Ob Sherpa Gyalzen wohl mit einigen Helfern wartet? Schon längere Zeit hatten wir nichts mehr voneinander gehört. „Ladies and Gentlemen, we're arriving Kathmandu. The local time in Nepal is 7 p.m. Please keep your seatbelt fasten, until the aircraft arrives at the final park position", beschwört uns die sanfte Stimme der Chefstewardess. Kurz bevor wir die Gangway hinuntersteigen, verabschiedet sie uns mit aneinandergelegten Händen und einem ehrfürchtigen „Namaste". Manchmal scheint mir, dass allein schon solche Grußzeremonien den ganzen Zauber eines exoti-

schen Landes beinhalten. Vorfreude, Losgelöstsein. So ist es auch diesmal. Obwohl es fast sommerlich warm ist, fröstelt es mich kurz, als ich die Gangway hinuntersteige.
Neugierige Blicke fallen auf unseren Basskoffer, den wir in Frankfurt noch zusätzlich mit Kleidern ausgestopft hatten. Nun wollen die Kontrolleure sämtliche Stücke begutachten und sind ziemlich überrascht, dass unter den Ausrüstungsgegenständen eine sogenannte „big guitar", wie der Bass ab diesem Zeitpunkt heißt, zum Vorschein kommt. Jetzt wollen sie nur noch wissen, was wir mit den Instrumenten vorhaben, dann können wir endlich die Zollkontrolle passieren. In der Ankunftshalle ist mächtig viel los: tief braune, wohlhabende Kaufleute in dunkelgrauen Anzügen, elegante Frauen in farbenprächtigen Saris und Touristen im Outdoor-Look – ein kunterbuntes Treiben. Da und dort ein Sikh, erkennbar an seinem kunstvoll gewickelten Turban. Viele warten auf Ankömmlinge aus Pokhara, Neu Delhi oder Varanasi. Draußen die Massen, Nasen und Finger an den Scheiben plattgedrückt. Kinder, Taxifahrer, buntgekleidete Frauen, Männer in tristen Kitteln und Dukus. Irgendwo dazwischen sehen wir im blauem Patagonia-Pullover Sherpa Gyalzen. Übers ganze Gesicht strahlend winkt er uns zu.
„Taxi, Taxi", dröhnt es von allen Seiten, als wir mit unserer gesamten Ausrüstung ins Freie treten. Jede Menge herbei eilende Leute wollen uns unser Gepäck mit einem „I help you" aus den Händen reißen, dann ist aber Gott sei Dank Gyalzen in unserer Nähe und wir begrüßen, drücken und freuen uns. „How are you?" – „I'm fine, and you?" In eine Woge von Menschen hinein schleppen wir unsere See- und Rucksäcke zu einem VW-Bus, der Gyalzens Neffe gehört. Den hat er glücklicherweise mitgebracht. Bedrängt von den lautstarken Protesten der sich immer weiter unterbietender Taxifahrer laden wir sämtliche Gepäckstücke in den Bus, zuletzt kommt „the big guitar" auf den Dachständer. Unser Handgepäck geben wir nicht aus den Händen. Gyalzens Neffe hat gerade noch am Steuer Platz, so voll ist

der VW-Bus. Wir nehmen uns zwei Taxis. Ellenbogen und Leiber drängen sich aneinander, und schon bevor wir in den klapprigen Autos sitzen, geraten wir ins Schwitzen, so warm ist es hier. Der Gegensatz zu den gewohnten frühwinterlichen Temperaturen in Deutschland ist enorm.

Malte und Simon sitzen bei mir im Taxi, und als ich einen Moment in ihre Gesichter blicke, sehe ich die gleiche sehnsüchtige Vorfreude, wie ich sie damals im Februar 1993 verspürte, als ich spätabends als Tramper auf einem Lastwagen den Checkpoint nach Kathmandu hinein passierte.

Seit etwa vier Jahren kenne ich die beiden. Zunächst kamen sie als Schüler auf die Reintalanger-Hütte. Simon schlief meist im Zelt auf der nahen Wiese und versorgte sich autark. Das war ihm sehr wichtig. Kaum dass er ein Wort redete. Trotzdem mochte ich ihn. Nach und nach taute er auf und wurde ein tüchtiger, treuer Mitarbeiter und Freund. Sein bescheidenes, stilles Wesen wird unsere Gruppe bereichern. Auch Malte kam immer wieder zum Arbeiten auf die Hütte und ist mit seiner sozialen, unaufdringlichen und charmanten Art nicht mehr aus der Hüttengemeinschaft wegzudenken.

Auch diesmal sieht es in den Randbezirken der Hauptstadt nicht anders aus als vor fünf Jahren: Kaum Straßenbeleuchtung, nur da und dort schummrige Laternen. Enge, kurvige und durchlöcherte Asphaltstraßen, dazu klappern die Türen der Taxis im Takt zu einem nepalesischen Lied, das aus dem miesen Autoradio quietscht. Dann und wann huschen in der Dunkelheit noch ein paar Menschengruppen um die Ecke. Erst in der Nähe des Königspalastes, wo die Straße ins Touristenzentrum Thamel hineinführt, ändert sich das Bild und gleichzeitig die Lautstärke. Als ob man urplötzlich in einem bunten Märchen gelandet wäre. Neben den zahlreich röhrenden dreirädrigen Tuk-Tuks und Taxis sind es jetzt vor allem die farbigen Fahrradrikschas mit ihren schmächtigen Besitzern, die auffallen. Und überall in den engen Gassen sieht man Touristen aus aller Herren Länder.

Immer hoffnungsloser wird diese Enge durch den dramatisch zunehmenden Straßenverkehr. So wird die einstige, einzigartige Atmosphäre Kathmandus in wenigen Jahren vollkommen zerstört sein. Vielleicht müssten all die phantasiereich geschmückten Geschäfte und Auslagen einmal eine Zeit lang aus Protest geschlossen bleiben, um die Stadtpolitiker Kathmandus zum Umdenken zu bringen.

Dennoch, unsere Nepalneulinge sind fasziniert und vom exotischen Zauber in Thamels leuchtenden Gassen sofort gefangen. Aber auch ich freue mich unbändig, nach sechs Jahren wieder einmal hier zu sein.

„Which Hotel?", fragt der Taxidriver.

„Hotel Shree Antu near Seven Corner", antwortet Gyalzen.

Gleich in der Nähe von „Pilgrim's Bookshop", zwei Kurven weiter, am Ende einer Reihe zahlloser Souvenirläden halten der VW-Bus und die beiden Taxis in der Einfahrt des Hotels „Shree Antu". Gleich auf den ersten Blick gefällt es uns. Gyalzen hat erst nach langen Vergleichen mit anderen Unterkünften diese hier ausgewählt. Von der Lage, vom Preis und von der Atmosphäre her hat er sich für das Richtige entschieden. Nach der ganzen Abladeaktion begrüßt uns Diren, der junge freundliche Geschäftsführer des einfachen Hotels, in sauberen Hosen mit akkuraten Bügelfalten, weißem Hemd mit Krawatte und einer schwarzen Lederjacke, sorgfältig auf sein Äußeres bedacht.

Kulturschock

Carolin Schattenkirchner

Heute, neun Monate nach unserem Entschluss, mit Instrumenten nach Nepal zu reisen, steigen wir in Kathmandu aus dem Flugzeug.

Nach kleinen Formalitäten am Zoll – interessant ist ohnehin nur das sargähnliche Gebilde, in dem mein Kontrabass für den Flug untergebracht war – verlassen wir das Flughafengebäude.
Draußen wimmelt es von Menschen, und wir haben Schwierigkeiten, unsere achtköpfige Gruppe zusammenzuhalten. Insbesondere unseren Berg von Gepäck: ein Hackbrett, ein Kontrabass, zwei Gitarren, ein Akkordeon, ein Tenorhorn, eine Trommel, sieben große Rucksäcke, ein kleiner Rucksack (meiner, ich bin nämlich sehr tragfaul und habe nur das allernötigste eingepackt), eine große Metallkiste - was war da drin? Ach ja, Charlys Büro. Außerdem eine Videokamera, eine Filmkamera, ein Stativ und vier große DAV-Seesäcke.
Da, mitten in dem Menschengewimmel unser Freund Gyalzen. Die Begrüßung ist sehr herzlich, aber kurz, weil wir mit unserem Gepäckberg schon einen mittleren Menschenauflauf von Interessierten provoziert haben und Gyalzen es recht eilig hat, alles – uns eingeschlossen – in einen VW-Bus und in eine Art Range Rover zu packen. Viele fremde Hände packen mit an und es ist ziemlich stressig, weil keiner mehr den Überblick hat. Die ganzen Straßenkinder, die uns helfen, gehören nicht zu Gyalzen, und als das endlich mal klar war, war plötzlich nicht mehr so klar, ob wir noch unser Gepäck beisammen haben. Eiligst verlassen wir in unseren Taxis diesen für uns Neuankömmlinge sehr turbulenten Platz.
Nach einer aufregenden Fahrt (hier herrscht Linksverkehr - zumindest meistens) kommen wir in das von Gyalzen ausgewählte Hotel. Wir sortieren als erstes unser Gepäck und müssen erschrocken feststellen, dass der Rucksack von Ebi, unserem Kameramann, fehlt. Sofort fährt eine kleine Abordnung der Reisegruppe zurück zum Flughafen, um dem Täter auf die Spur zu kommen. Aber falscher Alarm. Der Rucksack findet sich im Flughafengebäude bei der Gepäckausgabestelle wieder. Wir sind alle sichtlich erleichtert und verbringen den restlichen Abend teetrinkend auf der Veranda vor unserem Hotel.

Am nächsten Morgen wage ich eine erste Erkundung durch das Stadtviertel: Wild fahren Autos, Fahrräder, Rikschas und sonstige Zweiräder hupend und ständig klingelnd durcheinander. Unter dieses Verkehrschaos mischen sich Massen von bunt gekleideten Menschen, die offensichtlich verschiedenen Volksgruppen angehören.
Das ganze pulsierende Leben in dieser Stadt findet auf der Straße statt. Ein Schneider sitzt mit seiner Nähmaschine unter einem Baum und fertigt einen Anzug für einen Kunden, der bei ihm sitzt. Danebreitet gerade ein Metzger sein Fleisch auf einem Stück Plastik auf dem Trottoir aus. Ein Fischhändler sitzt kniend in einem Bretterverschlag zwischen seinen Fischen, und nebenan kann man für einige Rupien Spaghetti essen, die von dreckigen Fingern aus dem Topf geschöpft werden. Unweit davon liegt ein toter Hund in der engen Gasse, und 6- bis 8-jährige Straßenkinder suchen sich etwas essbares aus einem kleinen Abfallhaufen.
Weiter unten am Fluss liegt ein Etwas in einem orangenen Tuch eingewickelt. Eine Leiche! Ein paar Trommler stehen dabei und spielen seltsame, nie gehörte Rhythmen. Zwischen dem ganzen Gewusel ein Mann ohne Beine, der sich mit den Händen, an denen Sandalen befestigt sind, bettelnd fortbewegt.
Ständig stoße ich auf die schönsten Gebäude und Paläste, wundervollst verziert und mit Schnitzereien versehen: Tempel an Tempel, einer schöner und größer als der andere, Stupas, Klöster und sonstige Heiligtümer. Aufgekratzt und kulturgeschockt von Eindrücken und Erlebnissen begebe ich mich zurück zum Hotel.
Am Nachmittag spielen wir Musik auf dem Hoteldach und besprechen die letzten Dinge, die für unseren zehntägigen Fußmarsch notwendig sind.
Nur noch einen Tag bleiben wir in Kathmandu, dieser Stadt, die mich mit ihrem Charme bereits gefangengenommen hat. Kaum kann ich es erwarten, in etwa drei Wochen wieder hier sein zu können, um weitere Entdeckungsgänge zu unternehmen.

Aber erst einmal bin ich gespannt auf morgen. Da beginnt unsere musikbegleitete Wanderung in Richtung des höchsten Berges der Erde, und dann will ich doch mal sehen, ob ich meinen Kopf weit genug nach hinten kippen kann, um die Gipfel der gigantischen Berge sehen zu können.zu

Kathmandu

Eine näselnde Stimme weckt mich. Ich horche auf - wieder diese merkwürdige Stimme. Vom Balkon schaue ich auf die schmale Straße hinunter. Ein Junge geht barfuss durch die Gassen und macht mit seinem Signal die Anwohner darauf aufmerksam, dass er leere Getränkeflaschen einsammeln will. Eine alte Decke wärmt ihn ein wenig, über dem Rücken trägt er einen Jutesack. Wieder das markante Näseln. Wahrscheinlich gehört er jeden Morgen neben den Zeitungsausträgern zu den Ersten, die anfangen, die Straße zu beleben. Bald dröhnen die Tuk-Tuks durch die Gassen, kurz danach rasseln die Rollläden der Geschäfte nach oben. Ich döse noch einmal kurz ein, Simon und Malte schlafen noch tief, als wären sie in Narkose gefallen.

Gegen acht mache ich mich auf den Weg ins „Pumpernickel", das schon 1993 mein Lieblingscafé in Thamel war. An der nächstgrößeren Kreuzung stehen schon jede Menge Autos: „Taxi, Taxi, Mister?" Ein paar Meter weiter „Rikscha, Mister, Rikscha, very cheap." Der Tag ist vollends erwacht, rechts von mir ein Musikladen, eine indische Sitar-Weise untermalt die Szenerie. Auf der linken Straßenseite sehe ich eine Bäckerei, einen „Money changer", ein Café und viele, viele Trekkingbüros. Ich erreiche „Pilgrim's Bookshop", den wohl bekanntesten Buchladen in Kathmandu. Weiter vorne erspähe ich das erste

Terrassencafé. An der Ecke, an der die Hauptstraße geradeaus zum Chetra Pati führt, ist schon der nächste Buchladen vollgestopft mit Postkarten, Landkarten und den neuesten Tageszeitungen: „Gorkha patra“ in Nepali, „Rising Nepal“ und „Kathmandu Post“ in englischer Sprache. „Indian Express“, „USA Today“ und „Herald Tribune“ als wichtigste internationale Blätter dürfen nicht fehlen. Magazine gibt es in Nepali, Englisch, Französisch und Deutsch. Obwohl Kathmandu gegenüber anderen Metropolen der Welt nicht sehr groß ist – an Internationalität ist diese Stadt nicht zu überbieten. Bereits die morgendlichen Gassen sind bevölkert von Touristen, von glatzköpfigen Freaks, von hübschen Frauen, von Pärchen, die in fortgeschrittenem Alter das Leben genießen.
„Very cheap, Rikscha“, tönt es hier und „give me rupees“ dort, die Bettler in Thamel haben Hochkonjunktur. Oft begegnet man tatsächlich erbarmungswürdigen Gestalten, die buchstäblich in der Gosse leben, ohne Beine, blind oder leprös. Dann wieder Kinder, die auf die Straße geschickt werden, um Ramsch aller Art zu verkaufen. Hauptsächlich bieten sie aber kleine Döschen Tigerbalsam an, denn diese lassen sich gut transportieren und sind offensichtlich am leichtesten an die Touristen zu bringen.
Links drüben ein Laden mit kunstvollen Thankas. Ähnlich wie altertümliche Schriftrollen werden diese Rollbilder auf feine Baumwolle oder auf Seidenstoff gemalt. Grundiert wird der Stoff mit einer Mischung aus Kalk, Leim und Indigo. Eine Schicht Enteneiweiß mit Wasser verleiht der Grundierung mehr Glanz. Vor dem Bemalen mit warmem dünnflüssigem Leim werden die Umrisse der meist buddhistischen Figuren mit Ruß und einem ganz feinen Pinsel vorgezeichnet. Lehrlinge und Meister teilen sich die Arbeit je nach Erfahrung und Qualitätsgrad.
Das Café „Pumpernickel“ ist wohl der bekannteste und zugleich älteste Treff in Thamel. Die Einrichtung ist relativ einfach: Zahlreiche Holzsitzecken und in der Mitte ein nicht zu übersehendes schwarzes

Brett für alle möglichen Informationen: Vom fehlenden Reisepartner angefangen bis hin zu den nicht mehr gebrauchten Skistöcken, die jemand verkaufen möchte.
Der Garten ist das eigentliche Herz des „Pumpernickels". Ein schmaler, längerer Gang wurde einfach in ein Gartencafé verwandelt. Wortfetzen der verschiedensten Leute schwirren durcheinander: Trekker, Hippies, Japaner, eine junge Frau, die mit ihrem tibetisch aussehenden Mann lernt. Wo kein Tisch steht, wachsen Bambusstauden. Tiefgrüne Rhododendronpflanzen verleihen der ganzen Atmosphäre etwas urwaldähnliches. Diese Stimmung wird noch verstärkt durch das Zwitschern der zahlreichen zutraulichen Vögel, die die Brotkrumen vom Boden picken. Und am Büffet werden die besten „Cinnemonrolls" Kathmandus ausgegeben. Dazu gibt es alles, was ein Frühstücksherz begehrt: Milch, Kaffee, Tee, frisch gepresster Orangensaft, Müsli mit frischen Früchten, Croissants, Weißbrot, Joghurt, Milch. Sechs bis sieben Einheimische sind am Werk, um täglich das internationale Völkchen hier drin zu versorgen. Ein Platz zum Träumen, zum Kennenlernen, zum Kontakteknüpfen, zum Lesen, zum Tagebuchschreiben. Ein Platz, um sich „fallen zu lassen".
Um 10 Uhr habe ich mich mit Gyalzen verabredet. Selten bin ich einem so pünktlichen Menschen begegnet. Gyalzen ist die Zuverlässigkeit in Person.
„Good morning, Sir", begrüßt er mich.
„Good morning, Gyalzen, did you sleep well?", frage ich zurück.
Bei einer Tasse Tee besprechen wir den heutigen Tagesablauf. Das wichtigste sind die Permits für den Sagarmatha-Nationalpark, ohne diese ist es nicht möglich, nach Namche Bazar, die Heimat Gyalzens, zu kommen. Ohne die richtigen Papiere würde man uns am Checkpoint in Monju garantiert geradewegs nach Kathmandu zurückgeschicken, die Nepali sind in dieser Hinsicht ziemlich genau. Also schlendern wir zum „Shree Antu" zurück. Der morgendliche Rummel in den Gassen Thamels hat inzwischen zugenommen.

„Come inside, Mister, just looking“, ruft wieder einer. Gyalzen lacht über sein ganzes faltiges Gesicht.
Inzwischen sind sie alle auf. „Leute, ich brauche alle Reisepässe. Ich will mit Gyalzen zum Immigration Office fahren wegen der Permits.“ Bei gewissen organisatorischen Dingen ist es besser, einer allein kümmert sich darum. Rasch ordern Gyalzen und ich ein Tuk-Tuk zum Touristenbüro. Die Freunde frühstücken derweil im Gartencafé nebenan. Gegen 13 Uhr wollen wir uns auf dem Balkon des „Shree Antu“ treffen, um für eine Stunde zu musizieren.
Durch das vormittägliche Verkehrsgewühl tuckert unser Minitaxi, macht da und dort einen Abkürzer und weicht geschickt einem Ochsengespann aus. Ab und zu begegnen wir Frauen in farbigen Saris, ihren Schmuck tragen sie wie eine zweite Haut. Im Immigration Office geht es zu wie in einem Tollhaus, ich bin überrascht, wie viele Trekker unterwegs sind. Warten? Wie praktisch, dass junge Einheimische einen für sie durchaus lukrativen Job betreiben. Für sieben Dollar pro Nase füllen sie sämtliche Papiere aus und lassen sie von den Beamten an den Schaltern später bearbeiten. So umgehen ungeduldige Touristen lange Wartezeiten und Menschenschlangen. Am Nachmittag, wenn die Papiere wieder ausgegeben werden, bringt sie einer der jungen Burschen zum Hotel.
Auf dem Balkon im ersten Stock des Hotels „Shree Antu“ haben wir uns aufgebaut, vor uns unsere Instrumente. Erich gibt den Takt an und wir spielen unsere bayrischen Stücke, zuerst den „Schönauer Boarischen“, ein Berchtesgadener 2/4-Taktstück, das gut ins Ohr geht. Was sind wir glücklich, als die ersten gemeinsamen Töne über den Hotelvorplatz ins Freie klingen! Kaum dass das erste Stück ausgeklungen ist, gibt es auch schon lauten Beifall von den benachbarten Balkonen und Terrassen. Gyalzen ist mächtig stolz auf uns. Immerhin ist sein 60. Geburtstag der Anlass unserer Reise nach Nepal. Vogelgezwitscher und Autolärm, asiatisches Stimmengewirr und bayerische Volksmusik – eine seltene, heitere Mischung.

Andi und Ebi haben ihre Filmkameras parat, um die ersten Aufnahmen zu machen. Andi hatte ich vor vier Jahren bei Filmaufnahmen auf der Reintalanger-Hütte kennen gelernt. Eigentlich ist er Elektrotechniker, liebäugelt aber immer wieder mit dem Filmemachen. Ebi, einen Freund der Stuttgarter, kannten wir anderen überhaupt nicht. Als professioneller Kameramann hatte er sich bereit erklärt, am Musiktrekking teilzunehmen.
Tagsüber sind die Temperaturen fast sommerlich, es gibt also keine Probleme mit verstimmten Gitarren oder Hackbrettsaiten. Zum erstenmal sind nun die Nepali-Stücke an der Reihe. „Resham Piriri", „Nepali 2" und „Nepali 3". Jeder legt sein ganzes Gefühl in „Resham Piriri", es ist, als würden wir in diesem Moment mit der Exotik Nepals verschmelzen. Ein Auftakt, wie er besser nicht sein könnte.
Wenig später sind wir bei Gyalzens Schwager Nima Tenzing und dessen Frau Doma, also Gyalzens Schwester, zum Tee eingeladen. Nima Tenzing, in den sechziger Jahren einer der erfolgreichsten und beliebtesten Sherpas im Höhenbergsteigen, war mit den Schweizern 1960 am Dhaulagiri, 1962 bei der Erstbesteigung des über 7000 m hohen Pumori und 1963 beim Gipfelerfolg unter Norman Dhyrenfurth an der Westridge des Mt. Everest dabei. Dafür nahm er sogar am Empfang bei J. F. Kennedy teil, kurz vor dem tödlichen Attentat auf den Präsidenten. Im Stadtteil Lazimpat besitzen Nima und seine Frau ein Haus, wie es sich dort nur wohlhabende Leute leisten können. Scharfe Hunde bewachen das Anwesen.
Im Innern des Hauses verbreiten gediegene Möbel, tibetische Teppiche und farbenprächtige Thankas eine wohlige Atmosphäre. Früher hatte es häufig Zwistigkeiten zwischen Sherpa Gyalzen und Sherpa Nima gegeben, vermutlich aus einer Art Eifersucht heraus. Inzwischen sind sie ausgeräumt. Im Gegenteil, für Nima ist es heute eine Ehre, dass Gyalzen seine Freunde aus Deutschland mitbringt und diese dann auch noch musizieren. Erichs genialer Einfall, die drei Nepali-Lieder daheim einzustudieren, kommt heute nun schon zum

zweiten Mal zur Geltung. Auch Nima und seiner Familie gefallen die Melodien. Bei Tee und Gebäck entfaltet sich eine Stunde, wie sie heiterer nicht sein könnte. Immer wieder blicken wir in die innerasiatischen Gesichter der Sherpas mit ihren zahlreichen Lachfalten und dem Goldzahn mitten im ansonsten schneeweißen Gebiss. Die Hunde bellen im Vorhof, Besuch kommt. Zeit für uns, aufzubrechen und uns für die Einladung zu bedanken. Gyalzen bleibt noch.
Einem ersten Abend im „Seven Corner", einer Art Nepali-Nachtclub gleich um die Ecke unseres Hotels, werden weitere folgen. Wir haben uns einfach in die Kneipe mit dem vorzüglichen Essen, den Tanzvorführungen einheimischer Frauen und Mädchen und besonders in den Auftritt eines Transvestiten verliebt. Der Stil dieses „Nachtcafés" mit seinen spärlich bekleideten Interpreten ist auch im modern gewordenen Kathmandu seiner Zeit noch voraus.

Bei Miss Hawley

Während an der Durbar Marg neben den Büros der gängigen Fluggesellschaften meist nur teure Geschäfte und Hotels zu finden sind, herrscht im Dilli Bazar der asiatische Alltag mit Händlern und Käufern, die um die Waren feilschen. Im ersten Moment erinnere ich mich an Straßenzüge, die ich in Colombo auf Ceylon oder in Kalkutta gesehen hatte. Neubauten sind mit Bambusstangen eingerüstet, alte unverputzte Ziegelbauten wechseln sich ab mit grauen, staubigen Häusern, in deren Erdgeschossen sich die verschiedensten Geschäfte befinden. Neben einem Elektrowarenhändler ist ein Gemischtwarenladen, aus dem es stark nach Seife duftet. Ein Möbelgeschäft preist seine modernen Doppelbetten an, und daneben kann man Winkeleisen, Blechkübel, Drahtrollen, Schlösser und dergleichen finden.

Junge Frauen in farbigen Saris suchen sich in den Stoffauslagen ihre Lieblingsmuster heraus. Ein vorbeifahrender Obsthändler mit einem breit ausladenden Korb auf dem Fahrrad bietet Mandarinen und Bananen an, während Motorroller, volle Busse, klapprige Taxis und schwarzgelbe Tuk-Tuks an ihm vorbeirattern. Smog hängt in der Straße. In zwei, drei Jahren wird er noch mehr zugenommen haben, und das Leben darin wird weiter seinen gewohnten Ablauf nehmen. Die chaotischen Elektroleitungen werden immer noch dieselben sein, und die Menschen werden mit ihrer Gelassenheit weiterhin die Straße bevölkern: Hübsche, schlanke Frauen in bunten Saris, die liebevoll ihre Kinder tragen, der alte Mann im abgetragenen Sakko, das seinen armseligen Dohti verdeckt, Geschäftsleute in Anzug und Krawatte, Schülerinnen in blauen Uniformen, der heitere, barfuß dahinschreitende, bemalte Sadhu mit seiner Blechkanne, der Taxifahrer, der am Zeitungskiosk die neueste Ausgabe der „Kathmandu Post" kauft. Streunende Hunde werden sich weiterhin ein sonniges Plätzchen suchen. Wenn die Reklame an den Ziegelwänden veraltet ist, wird sie einfach wieder übermalt werden.
Die Häuserzeilen bestehen aus einstöckigen braunen Häusern mit zahlreichen kleinen Fenstern, die an hölzernen, braunen Fenster- und Türstöcken befestigt sind. Zwischen all den Bauten, dem Straßenlärm und der ganzen Geschäftigkeit, zwischen Obst- und Gemüsemärkten, zwischen Ziegenhändlern und Rikschafahrern begegnen sich die verschiedenen Volksgruppen Nepals, ohne groß Notiz voneinander zu nehmen: Rai neben Newar, Tamang neben Chetri, Magar neben Thakali, Gurung neben Sherpa.
Fast versteckt steht inmitten der Ziegelbauten ein weißes Haus mit geraden Mauern, ein wenig zurückgesetzt von der belebten Straße. Durch den türlosen Eingang sieht man in den Garten hinein. In zahlreichen Ziegeltöpfen sprießen dort orangefarbene Ringelblumen, und Bäume, die Zitrusfrüchte tragen, spenden an heißen Tagen Schatten. Rechts vom Eingang ist eine Messingtafel befestigt, auf der

Bildteil 2 - In Kathmandu

Rikschas bestimmen das Bild in den Gassen Kathmandus.

oben Fahrende Obsthändler in Kathmandu.
rechts Nachmittag in Pashupatinath.

Sadhus – weise Männer, die dem Hindugott Shiva huldigen.

oben	Sadhus am Durbar Square.
rechts	Junge Nepalimutter.
Seite 48	Nachthimmel über Swayambunath.

in schwarzen Buchstaben steht: „Himalaya Trust – Honorar Konsulat of New Zealand – Miss Elizabeth Hawley“. Hier wohnt sie also, Miss Hawley, die Chronistin aller Himalaya-Expeditionen. Andi Wipper hatte heute morgen um eine Audienz bei ihr gebeten. Gyalzen, Ebi und ich gehen mit zu dem Treffen.

Ein eher indisch aussehender, schmächtiger älterer Mann mit feinen Gesichtszügen fragt uns, zu wem wir wollen. Andi erklärt ihm, dass wir bei Miss Hawley bestellt sind. Da tönt auch schon eine Messingglocke, das Zeichen, dass wir eintreten dürfen. Der freundliche Diener führt uns eine kleine blank gewienerte, dunkle Holztreppe hinauf, dann klopft er unaufdringlich an die Tür.

Schon erscheint Miss Hawley. In leicht gebückter Haltung steht sie vor uns. Das Gesicht nüchtern, fast etwas eckig, die Lippen sind schmal. Ihre Haare sind schon grau, immerhin ist sie bereits 75 Jahre alt. Trotzdem widmet sie sich noch heute den Himalaya-Expeditionen. Wie schon in den 60-er Jahren, als sie als Korrespondentin nach Nepal kam. Damals begann sie, in Zusammenarbeit mit der Nachrichtenagentur Reuters, Bergsteiger der Expeditionen in Nepal und später auch in Tibet zu interviewen. Obwohl sie selbst keine Bergsteigerin ist, wurde sie so zu einer Expertin auf diesem Gebiet, die trotzdem die notwendige kritische Distanz wahren kann. Keine der größeren Expeditionen hat es sich bis heute nehmen lassen, vor dem Aufbruch ins jeweilige Basislager Miss Hawley einen Besuch abzustatten.

„Hello, Misters, come in“, begrüßt sie uns. Andi übernimmt sofort die Konversation, da er fließend Englisch spricht. Nach seiner Begrüßung bittet uns Miss Hawley, auf dem Sofa gegenüber von ihrem Schreibtisch Platz zu nehmen. Rasch überfliegen meine Augen die Einrichtung. Alles ist sehr gediegen, von den Möbeln über die Teppiche bis hin zu den Bildern. Dazwischen Stapel von Büchern, Zeitschriften und Fotos. Indirekt berichtet das ganze Interieur von einem reichen Leben.

Andi überreicht ihr mein signiertes Buch „Wände – Grate – Dome", worüber sie sich sehr freut. Andi erzählt auch von Gyalzens Lebensweg samt seiner frühen Expeditionen und von meiner freundschaftlichen Verbindung zu ihm. Dann berichtet er von unserem Vorhaben. Miss Hawley staunt nicht schlecht und meint, das sei eben mal etwas anderes. Gleichzeitig bietet sie uns ihre Hilfe an.
Während Andi um die Erlaubnis bittet zu filmen, frage ich Miss Hawley, ob sie auch Wanda Rutkiewicz kennen gelernt hätte.
„Aber ja, natürlich. Sie war öfter bei mir. Eine ganz hervorragende Bergsteigerin, und auch eine reizende Frau. Es ist ein großer Verlust, dass sie seit 1992 am Kanchenzönga verschollen ist."
„Ich kenne Wanda ebenfalls sehr gut", teile ich ihr mit.
„Woher kennen Sie sie?"
„Ich war 1976 mit ihr zusammen an der Südseite des Nanga Parbat am Toni-Kinshofer-Weg, damals war Wanda die stellvertretende Expeditionsleiterin. Die Expedition ging zwar durch den Absturz des Österreichers Sebastian Arnold tragisch aus, dennoch hatten wir eine gute Zeit."
„Und wart Ihr oben am Gipfel?", fragt mich Miss Hawley.
„Nein, wir haben nach diesem Unfall abgebrochen, obwohl Wanda Rutkiewicz, Danuta Wuch und Dr. Janosz gerne weiter gemacht hätten. Es war eigentlich der einzige Misston während der Expedition", erkläre ich ihr.
Sie zeigt uns noch einige Zeitungsartikel aus ihrem Fundus, aber hauptsächlich bewegt sie immer noch das Everest-Drama von 1996: „Das war ein großes, schlimmes Desaster." Nachdenklich schüttelt sie den Kopf. „Rob Hall und Scott Fischer waren noch hier, bevor sie zum Everest aufgebrochen sind." Für einen Moment herrscht bedrückendes Schweigen.
Dann, ziemlich abrupt, fragt uns die Gastgeberin: „Sagtet ihr vorhin nicht, dass ihr euch noch Bustickets besorgen müsst? Entschuldigt, aber ich habe nachher gleich noch einen weiteren wichtigen Termin."

Im Nu ist eine Stunde vergangen. Wir bedanken uns bei Miss Hawley. Sie meint: „Have a good time“ und drückt jedem einzelnen von uns noch die Hand, bevor sie uns wieder in das Getümmel von Kathmandu entlässt.
Rasch bringt uns ein Tuk-Tuk zum „Dechenling Garden-Restaurant“ in der Nähe Thamels. Phintso, ein geschäftstüchtiger Bhutanese, ist der Besitzer dieses geschmackvollen Gartenrestaurants, das man über eine kleine Seitenstraße erreicht. Riesige Laubbäume überdachen Sitzgruppen, da und dort ist zwischen dem Blätterdach ein Fetzen blauen Himmels zu sehen. Ruhige, gut gekleidete Kellner bedienen uns. Klaus Wanger, mit dem wir hier verabredet sind, kommt auch gerade mit zwei jungen Männern. Sie schleppen ein riesiges Aggregat, das für unsere Filmer gedacht ist, wenn es unterwegs keinen Strom gibt. Ich erschrecke förmlich und hebe es zur Vorsicht alleine kurz hoch. Das Ding wiegt locker seine 25 kg.
Klaus Wanger, staatlich geprüfter Bergführer und Nepalkoordinator für den DAV Summit Club, bekannt als absolut zuverlässiger Mann, hat es, auf meinen telefonischen Wunsch aus Deutschland hin, besorgen lassen. Die beiden Nepali nehmen uns 5000 Rupien ab, dann überlassen sie uns das Ungetüm. Eigentlich weiß ich jetzt schon, dass wir es nicht brauchen werden. Ich schäme mich allein schon beim Gedanken, eine solche Last einem Träger auch nur eine Minute aufzubürden. Gyalzen sieht das völlig anders, er weiß, was ein Träger heutzutage leisten muss. Dennoch habe ich ein ungutes Gefühl und auch dem Rest unserer Gruppe geht es nicht viel besser. Sherpa Gyalzen meint, ich solle mir jetzt nicht den Kopf darüber zerbrechen. Ich sollte lieber auf die Uhr schauen, denn bald schlössen die Busticketschalter. Und wir müssen doch noch die Tickets für die morgige Fahrt nach Jiri besorgen.
Am Busbahnhof Amika Yatayat herrscht hektischer Betrieb. Omnibusse hupen. Menschengruppen in farbenprächtigen Kleidern warten mitsamt ihren Schachteln, Rucksäcken, Taschen und den typi-

schen Dokos auf die Abfahrt. Auf dem Weg zum Ticketschalter müssen wir erst den von Unrat übersäten Busparkplatz überqueren. Wir kommen an vorsintflutlichen Strommasten vorbei, schieben fliegende Händler mit ihren frisch in Öl gebratenen Momos zur Seite und drängen uns durch kreischende Kindergruppen. Am Schalter herrscht die gleiche Geschäftigkeit, aber Gyalzen lässt sich davon nicht aus der Ruhe bringen. In Nepali unterhält er sich mit den Männern, die mit Hüten und abgewetzten Kitteln hinter einem mit Gittern versperrten schmutzigen Fenster ohne Glas sitzen. Nur das Wort „Jiri“ verstehe ich und am Schluss der Unterhaltung „Rupees“. Gewiss, auch ohne Sherpa Gyalzen würden wir uns in Kathmandu irgendwie zurechtfinden, aber alleine schon, dass er die Landessprache spricht, erleichtert uns vieles.
Morgen früh sollen wir mit unserem Gepäck spätestens um 6 Uhr am Busbahnhof Busnummer 52 sein. Erleichtert, weil nun alles erledigt ist, kehre ich mit Gyalzen nach Thamel zurück, von wo aus er ins Haus von Nima Tenzing fährt. Im abendlichen Getümmel lasse ich noch einmal die Atmosphäre von Thamel auf mich wirken, bevor ich zufrieden und glücklich ins Hotel schlendere, zu den anderen, die bereits für morgen die Rucksäcke packen.

Ins Solo Khumbu

Im Traum höre ich irgendein Geräusch, als ob ... – alles ist still, dann wieder. Nein, es ist nicht im Traum, es ist der Wecker von Malte. Schlaftrunken tappe ich nach Taschenlampe und Brille. Dann der Blick auf meine Armbanduhr – kurz vor fünf. In nächster Zeit werden wir wohl immer ähnlich früh aufstehen müssen.
Rasch wecke ich die anderen. Für Langschläfer wie Ebi, Erich und

Carolin ist diese Uhrzeit pure Schikane. Diren, der Hotelmanager, kocht noch im Schlafanzug Tee für uns. Im herkömmlichen Sinne ist das „Shree Antu" eigentlich gar kein Hotel, wenn man es mit anderen Häusern wie dem „Shanker" oder dem „Hotel Annapurna" vergleicht. Es ist ein altes, schönes Haus mit Balkon im ersten Stock und mit einer Dachterrasse. Fünfzehn Zimmer wird es vielleicht haben, mehr nicht. Die Küche ist eine Spelunke. Diren kommt von irgendwo außerhalb Kathmandus her und ist froh, eine Arbeit zu haben, auch wenn sie mit monatlich 2000 Rupien, rund 70 Mark, nur gering entlohnt wird. Der Kampf um Arbeitsplätze – und seien sie noch so schlecht bezahlt – ist hier in Kathmandu gnadenlos. Für uns sind die Beträge mehr als beschämend. Die meisten Ausländer oder Touristen müssen in den Augen der Nepali wohlhabende Bürger sein.
Um so bewundernswerter ist es, dass Diren stets wie aus dem Ei gepellt aussieht. Mit seinem einfachen Anzug versucht er dem Hotel so etwas wie Stil zu verleihen. Auch alle anderen Angestellten des Hotels, das man bei uns eher der niedrigsten Kategorie zurechnen würde, sind korrekt gekleidet. Aber hier, in dieser Umgebung, wirkt das alles etwas abstrus. Trotzdem – wir haben uns im „Shree Antu" sehr wohl gefühlt.
Wenig später fahren vier Taxis vor, gestern Abend hatten wir sie noch organisiert. Im matten Hoflicht und im Schein der Taschenlampenkegel verstauen wir Rucksäcke, Instrumente, Solarlampen, Stative und zum Schluss auch das Monstrum von Aggregat. Im Stehen schlürft jeder von uns noch eine Tasse Tee. Wir wollen so früh wie möglich am Busbahnhof sein.
Kathmandus Straßen sind um diese Zeit noch leer, nur ein paar Fahrradrikschas stehen einsam herum, die Besitzer hocken, in einen warmen Umhang gehüllt, halb schlafend, mehr frierend, auf den Sitzen, die sonst für die Fahrgäste gedacht sind. Einige Minuten später biegen wir mit unseren Taxis in die Busstation ein. Kaum zu glauben: Obwohl es noch stockdunkel ist, tummeln sich Massen von Einhei-

mischen zwischen den verschiedenen Buslinien. Geradezu gespenstisch stellt sich die Szene an der Amika Yatayat-Station dar. Da und dort ein Lagerfeuer und Stimmengewirr, ab und zu im Lichtkegel einer Taschenlampe schemenhafte Gestalten, die nur dürftig bekleidet und frierend auf ihren Bus warten.
Andi steigt, ohne lang zu fackeln, sofort aufs Dach des Busses, um unsere Lasten sicher und ordentlich zu verstauen, während wir in der Dunkelheit doppelt scharf aufpassen. Gerade auf Busbahnhöfen verschwindet so manches interessante Gepäckstück auf Nimmerwiedersehen. Weltenbummler wissen das aus Erfahrung. Und in den Ländern der Dritten Welt ist diese Gefahr doppelt so groß. Tatsächlich werden wir in Jiri feststellen müssen, dass uns zwei Solarumweltlampen fehlen. Vielleicht haben wir sie aber auch einfach nur im Kofferraum des Taxis vergessen.
Seit einer halben Stunde schon rattert unser Bus, die Nr. 52. Wahrscheinlich muss der alte Dieselmotor erst einmal warm laufen. Die nummerierten Tickets in der Hand, suchen wir nun unsere Sitzplätze auf. Links sind die Plätze für zwei Personen, rechts die für drei Personen. Fatalerweise sind die Dreiersitzplätze nur unmerklich breiter als die Zweier, und wir sind ausnahmslos auf die Dreierseite verteilt. Das wird eine Fahrt werden.
Dann das Rattern des Getriebes – es geht los. Endlich passieren wir den Stadtrand von Kathmandu. Der morgendliche Verkehrsstau und der Smog der Hauptverkehrsstraße liegen hinter uns. Ein fast wolkenloser Himmel lässt die drangvolle Enge im Bus etwas vergessen. Der Busfahrer hat indische Musik aufgelegt. Es dauert nicht lange, da stimmen die Einheimischen in die für uns exotischen Melodien ein. Danach wird zur Abwechslung Bob Marley gespielt. Die Fahrt führt durch herrliche Rhododendronwälder. Bald tauchen die ersten Terrassenfelder auf, bereits nach zwei, drei Stunden sind die Berge des Himalaya nahe. Mir gegenüber sitzt eine junge Frau mit einem Nasenring. Sie trägt ein blaues Kopftuch und einen leuchtend roten

Umhang, ihre Füße stecken barfuss in einfachen Sandalen. An ihren Armen klammern sich ein Mädchen und ein Junge, die fragenden Augen auf uns gerichtet: Wer die wohl sind und was sie wohl vorhaben? – Ihre Wangen leuchten transparent, von der immer wieder laufenden Rotznase verschmiert.

Monoton rumpelt der Bus durch die Landschaft. Den meisten Fahrgästen sind die Augen wieder zugefallen. Irgendwann gibt es den ersten Stopp. Die einen tauschen die Sitzplätze, die anderen erleichtern ihre Blase und manchem ist schlecht von der Schaukelei. Die Straße, auf der wir uns befinden, ist übrigens von den Chinesen gebaut worden. Strategisch nahe an Tibet bei Kodari, war der Bau dieses „Highways" einst ein Geschenk an die kommunistische Partei Nepals. In Barabise ist Mittag. Unser indischer „Tata" hält neben einigen primitiven Holzbuden am Ortseingang. Dass die Busse gewohnte Rastplätze haben, liegt wohl daran, dass die Fahrer ein wenig mitverdienen, indem sie laufend Touristen zum Mittagessen mitbringen. Gyalzen bestellt neunmal Dhal bhat, Carolin bezahlt, denn sie verwaltet ab heute die Kasse. Obwohl ich hungrig bin, schaudert's mich vor dem wohlgemeinten Mahl. Lieber nur den Reis essen, denn die Linsen und das spärliche Gemüse sind kalt. Auch wenn ich die Essensgewohnheiten in den einfachen asiatischen Gegenden schon lange kenne, schüttelt es mich, als ich den Einheimischen zusehe, wie sie ihr Essen auf dem Teller mit den Fingern zu Mus zerdrücken und dann, das Gesicht nahe am Tellerrand, mit ihren schmutzigen Fingern den Brei in den Mund schieben. Stets mit der rechten Hand, die unreine Linke bleibt dabei geflissentlich auf dem Rücken oder im Schoß. Ich hoffe nur, dass man mir den Ekel nicht ansieht.

Eine Schar ärmlich gekleideter Kinder steht um mich herum und stellt lachend einfache englische Fragen: „What's your name?" oder „Give me sweet." Andi und Ebi machen ein paar Filmaufnahmen. Noch fünf Stunden bis Jiri. Immer wieder hält der Bus, lässt Einheimische ein- oder aussteigen. Wir acht Freunde sind die einzigen Tou-

risten. Die Straße wird zunehmend kurviger und der Bus langsamer. Andi sieht ziemlich grün aus im Gesicht, ihm ist speiübel. Der Wald ist fast ganz verschwunden, das Landschaftsbild wird nun vor allem von Terrassenfeldern und einzelnen Weilern bestimmt. Seit einer Weile sitzt der Ersatzbusfahrer am Steuer, der erste Fahrer schläft. Die zwei Musikkassetten sind immer noch dieselben. Stundenlang hören wir nun schon diese Musik, immer im Wechsel: Zuerst die erste Kassette, dann die zweite Kassette. Wahrscheinlich wollen die uns auf unser Musiktrekking einstimmen. Aber was zuviel ist, ist zuviel.
Irgendwann beginnt die Straße endlich ein wenig flacher zu werden. Unter den anderen Fahrgästen kommt langsam Unruhe auf, wohl ein untrügliches Zeichen dafür, dass sich die zwölf Stunden lange Fahrt von Kathmandu nach Jiri ihrem Ende nähert. An grünen Reisfeldern vorbei führt die Straße, schon tauchen die ersten Häuser von Jiri auf. Noch eine Kurve, dann rollt der Bus auf seinem Parkplatz – 17 Uhr. Wie gerädert steigen wir aus und geraten gleich mitten in eine laut kreischende Kinderschar: „Have you a pen? Give me sweet!"
Rasch ist Andi auf dem Busdach und kümmert sich ums Abladen, vor allen Dingen ist es immer der Kontrabass, dem Augenmerk geschenkt werden muss. Die übrige Ausrüstung ist kaum zerbrechlich, außer natürlich Erichs Akkordeon, ein ebenfalls sehr wertvolles Stück. Hier stellen wir fest, dass unsere beiden Solarlampen, die uns ständig unabhängig vom Strom Licht geben sollten, fehlen. Ärgerlich, aber nicht zu ändern.
Am Busbahnhof werden wir nicht nur von einer Menge Kinder begrüßt. Auch unsere Träger erwarten uns bereits. Tsewang, Gyalzens Schwiegersohn, ist Sherpa, während die anderen vier vom Volk der Tamang sind: Manpuri, Chiete, Harka und Asman. Allesamt sympathische Burschen zwischen 18 und 24 Jahren. Chiete ist er jüngste von ihnen, und eigenartigerweise schließe ich ihn sofort ins Herz. Bevor wir uns recht umschauen können, landet unser Gepäck auf den Rücken der Tamang. Uns bleiben nur die kleinen Rucksäcke.

Jiri ist ein reines Straßendorf. Links und rechts der Straßen stehen ziemlich dicht nebeneinander stattliche und vor allem schöne Häuser, weiß gekalkt, mit geschindelten Dächern. Meist haben sie einen Balkon, die Fenster- und Türstöcke sind braun oder blau. In die Außenwände sind Holzgerüste eingemauert, die als Trockenanlage für Maiskolben, aber auch für Kürbisse, Heu und Wäsche wertvolle Dienste leisten. Wie zweckmäßig und wirkungsvoll so einfache Konstruktionen sein können!
Jiri kann durchaus als ein „Hauptort" oder besser: „Hauptdorf" der Region bezeichnet werden. Nirgendwo in der Gegend gibt es so zahlreiche Geschäfte für Lebensmittel, Eisenwaren, Gemischtwaren und Gebrauchsgegenstände wie hier am Ende der Fahrstraße. In Jiri, am Eingang des Solu Khumbu, wohnen Rai, Chetri, Sherpa, Kumbar und Sunwar einträchtig beieinander. Letztere arbeiten oft als Gold- und Silberschmiede.
Gyalzen hat für uns die „Sange-Lodge" ausgesucht. Eine Sherpafamilie, die er kennt, wohnt dort und vermietet bis zu fünfzehn Lager an Trekker. Auf dem Weg zur Lodge, am westlichen Ende des Dorfes auf der rechten Seite gelegen, begleitet uns ein Heer staunender Einheimischer. Kinder und junge Sherpafrauen, die an ihren bunten, quer gestreiften Schürzen zu erkennen sind, mit langen dicken Stoffröcken und dem Schal um die Hüfte, sowie den kostbaren Halsketten aus Silber, Koralle, Lapislazuli und Bernstein, führen unseren exotischen Zug an. Ihr langes schwarzes Haar haben sie meist kunstvoll zusammengebunden und ein markanter Scheitel ziert ihr Haupt. Sherpani sind oft sehr große Frauen, das ist mir schon bei meinem ersten Besuch in Nepal aufgefallen.
Mit Verbeugungen und dem stets liebenswürdigen „Namaste" werden wir an der „Sange-Lodge" begrüßt. Die Eingangstür ist ziemlich niedrig, und wir zerren und ziehen am sperrigen Kontrabass, um ihn durch die Tür zu quetschen. Unverzüglich zeigt uns die Hausherrin unsere Lager: Sauber, aber sehr spartanisch. Nur das Plumpsklo riecht

etwas streng. Sherpa Gyalzen bittet zum Empfangstee. „Tea time", wie er immer zu sagen pflegt. In der engen Küche – eine Feuerstelle umringt von zahlreichen Aluschüsseln und Kupferkesseln an den Wänden – hocken wir zusammen. Wir freuen uns wie kleine Kinder, aus der im fernen Wetterstein geborenen Idee ist nun Wirklichkeit geworden. Später werden wir hier in der Küche aufspielen.

Vorher müssen wir aber unbedingt noch Dokos, diese aus Bambus geflochtenen Tragekörbe, besorgen. Gyalzen hat einen fachmännischen Blick dafür und sucht uns beim Nachbarn gegenüber fünf aus. Wir erwerben noch Stricke, um die Lasten gut zu befestigen, aber auch Regenschirme sind meines Erachtens nach notwendig, für alle Fälle. Alle unsere geschäftigen Tätigkeiten werden von den Augen unzähliger Kinder beobachtet, die neugierig und mit laufenden Nasen das Geschehen verfolgen.

„Ist sonst alles klar?" frage ich in die Runde.

„Wie mach's mer's denn mit dem Aggregat?", fragt mich Andi in seinem Allgäuer Dialekt. Innerlich hatte ich schon in Kathmandu beschlossen, dieses Monstrum nicht mitzunehmen.

„Gyalzen, wo überall gibt es keinen Strom?", frage ich ihn.

„Ich denke, in Nuntala, Bupsa und Surkhe, aber es ist möglich, von Surkhe nach Lukla zu laufen. Dort haben sie Strom und man könnte die Akkus aufladen. Bleiben also nur noch Nuntala und Bupsa ohne Strom übrig."

„Was meint ihr anderen?", frage ich weiter.

„Hier lassen", kommt es im Chor zurück.

„Was, hier lassen? Das Ding muss wieder nach Kathmandu!", antworte ich und mache folgenden Vorschlag: „Wir schicken Tsewang mit dem Aggregat per Bus zurück nach Kathmandu. Wenn es geht, werde ich heute noch Klaus Wanger telefonisch verständigen. Tsewang soll dann mit dem Bus hierher zurückkehren und ohne Last versuchen, uns einzuholen. Was meint ihr dazu?" Ich ernte allgemeine Zustimmung und stilles Kopfnicken.

Die Dunkelheit ist längst hereingebrochen, da und dort leuchten Straßenlaternen, sie geben dem Ort auch in der Nacht etwas Warmes und Angenehmes. In der „Sange-Lodge" ist inzwischen das Abendessen vorbereitet: Kartoffeln und Gemüse, dazu Milchtee und der eine oder andere trinkt ein Bier. Kurze Zeit später packen wir unsere Instrumente aus. Mein Hackbrett hat durch die Isomatten-Isolierung seine Stimmung gehalten. Mein Stimmgerät zeigt den Kammerton a an. Dichtgedrängt finden finden wir in der engen Sherpaküche Platz. Um uns erwartungsvolle Mienen. Gyalzen wird unser Übersetzer sein. Rechts hinten in der Ecke sitzt er, im Schein der Glühlampe leuchtet sein nicht zu übersehender Goldzahn. Erich blickt zu Carolin, Carolin zu Beeker, Beeker zu den Gitarristen Malte und Simon, die beiden zu mir. Los geht's. Wie immer heißt unser erstes Stück „In der Schanz", ein rassiges Stück aus Salzburg im 2/4-Takt, mit einigen Mollpassagen. Ein Strahlen geht über die Sherpagesichter. Das sehe ich gleich zu Beginn des Stückes. Gyalzen erklärt, dass es in Europa dafür immer Beifall gibt in Form von Klatschen. Hier ist das nicht üblich, höchstens nach einer besonderen Aufforderung. Gyalzen spricht weiter. Ich kann nur ahnen, dass er jetzt von den Musikabenden auf der Hütte erzählt.
Während der vielen Gespräche vor der Reise waren wir gemeinsam zu dem Entschluss gekommen, ausschließlich für Einheimische zu musizieren und nicht für Touristen. Dieser Entschluss vermittelt uns größere Lust zum Musikmachen und lässt uns unabhängiger reisen. Nach einigen bayrischen Weisen kündet nun Gyalzen „Resham Piriri" sowie die beiden anderen Nepali-Lieder an. Hatten sie schon auf dem Balkon des „Shree Antu" eigentümlich schön geklungen, so verstärkt sich das Eigene dieser verbindenden „Weisen" noch mehr in der Intimität einer Sherpaküche. Melodien und Volkslieder entstehen doch oft beim Zusammensein in Wohnstuben und Küchen. Und während wir das dritte Nepali-Stück spielen, gehen meine Gedanken zurück zu dem Tag, als ich Gyalzen kennen lernte.

Ang Gyalzen Sherpa

Der Name Gyalzen bedeutet in der Sherpasprache „Donnerstag". Das erste Mal stieß ich ich auf ihn in Peter Matthiesen`s Buch „Auf der Spur des Schneeleoparden". Neben Sherpa Tukten, Phu Tsering, Dawa und Sherpa Jangbu war auf dieser vom Biologen George Schaller geleiteten Expedition ein Sherpa namens Gyalzen dabei. Die Expedition führte ins Innere des Dolpo und hatte die Aufspürung und Beobachtung von Blauschafen und der sehr seltenen Schneeleoparden zum Ziel. Peter Matthiesen hat diese Expedition als Journalist begleitet und sowohl spannend als auch einfühlsam darüber geschrieben. Mir gefiel das Buch so gut, dass ich mir den Namen Gyalzen einprägte.
An einem Samstag, den 6. Februar 1993, flog ich mit einer kleinen Maschine der Royal Nepal Airlines von Kathmandu nach Lukla, von wo es am gleichen Tag noch nach Chumoa kurz vor die Grenze zum Sagarmatha Nationalpark weiterging. Das Wetter war herrlich, und die gute Sicht bescherte mir einen beeindruckenden Blick auf die Gipfelszenerie des Himalaya. Chumoa schenkte mir einen ersten Höhepunkt, als nachts der Mond hinter dem über 6000 m hohen Thamserku aufging. Anderntags stieg ich weiter in Richtung Namche Bazar auf. Nur wenige Touristen waren unterwegs, aber alle, die von oben kamen, schwärmten von der phantastischen Landschaft und sahen äußerst zufrieden aus.
Dass ich nicht akklimatisiert war, machte sich in der steilen Passage unterhalb von Namche Bazar endgültig bemerkbar. Das Atmen fiel mir schwer und ich hatte starkes Kopfweh. Mühsam erreichte ich schließlich die ersten Häuser von Namche Bazar. Die ersten Minuten fühlte ich mich, als stünde ich inmitten eines Amphitheaters. Die Häuser sind treppenartig in den Hang hinein gebaut, und hoch über ihnen thronen hohe Sechstausender, der Thamserku mit seinen wilden Zacken und der Kongde Ri mit seinem weißen Haupt.

Am Dorfbach blieb ich stehen. Gebetsfahnen flatterten um einen geschmückten Stupas. In diesem Sinnbild der Buddhisten für das Allumfassende verbirgt sich eine halbe Kugel in der Erde, die andere Hälfte über der Erde. Ein quadratischer Körper auf der Halbkugel zeigt auf jeder Seite ein Augenpaar und blickt symbolisch in alle Richtungen. Weltentwurf, universelles Kosmosmodell, Lebenssymbol und Stufenweg zur Erleuchtung – all diese Interpretationsmöglichkeiten beinhaltet der Stupahügel.
Dort, wo der in weiße Steinplatten gefasste Bach am weißen Stupa vorbeiplätschert, befindet sich der Waschplatz von Namche Bazar, zugleich der beliebteste Treffpunkt für Jung und Alt. Ich ging auf eines der ältesten Häuser des Dorfes zu und trat in den Hof, auf dem gerade eine Frau im Yogasitz ihrem Mann und einem kleinen Mädchen Gesellschaft leistete.
„Namaste“, grüßte ich und „Namaste“ kam es freundlich zurück. Wie fast alle Bewohner von Namche Bazar gehörte auch diese Familie zum Volk der Sherpas. Das Oberhaupt, ein etwa 50-jähriger sympathisch aussehender Mann, war gerade dabei, einen Schlafsack zu säubern, während die Frau Tee trank. Das kleine Kind, ein Mädchen, tollte mit einem Ball herum. Der Sherpa fragte mich: "How are you?“
„I am fine.“
„What’s your name?"
„I’m Charly.“
Was mir sofort gefiel, war die Wärme in seiner Stimme und die Bestimmtheit seiner Rede. Er stellte mir seine Frau Galmo vor und das kleine Kind, seine Enkelin. Wir kamen immer mehr ins Gespräch und irgendwann auch einmal auf meine Tätigkeit als Hüttenpächter. Glücklicherweise hatte ich wenigstens eine Postkarte der Reintalanger-Hütte dabei, die ich ihm zeigen konnte. Auf der Stelle war er begeistert und wollte wissen, ob ich nicht im Sommer jemanden für die Arbeit gebrauchen könnte. Ziemlich erstaunt über diese Frage, überlegte ich zuerst kurz, ließ mir dann aber seine Adresse aufschrei-

ben. Ich erklärte Gyalzen, dass ich mir die Sache überlegen wolle, sagte ihm aber auch, dass ich so spontan nichts versprechen könnte. Das sah er ein. In meinem Innern jedoch war ich jedoch schon damals bereit. Es brauchte nur noch günstige Umstände.

Ende April. Gerade war ich so halbwegs von einer Lungenentzündung genesen, die ich mir in Nepal eingefangen hatte, da erreichte mich ein dramatischer Brief von Sherpa Gyalzen. Seine Frau sei urplötzlich an einer Infektion gestorben. Wenn es irgendwie ginge, wollte er im Sommer nach Deutschland kommen. Ich war ziemlich bestürzt und besorgte ihm umgehend ein Flugticket sowie die Unterlagen für ein Besuchervisum. Dann hörte ich fast zwei Monate nichts mehr von Gyalzen: Keinen Anruf, keine Post mehr, keinerlei Lebenszeichen.

Am 4. Juli läutete das Telefon – Sherpa Gyalzen. Erfreut teilte er mir mit, dass er tags darauf mit der Royal Nepal Airlines nach Frankfurt kommen würde. Ich war ziemlich überrascht, und organisierte in aller Schnelle, dass ihn mein Bruder Werner am Frankfurter Flughafen in Empfang nehmen würde. Anderntags nahmen ihn Freunde, die auf die Reintalanger-Hütte kommen wollten, im Auto mit ins Werdenfelser Land.

Unsere Wiedersehensfreude war groß und Gyalzen glücklich darüber, dass die Umgebung im Wetterstein seiner Heimat ähnelte. Was uns beide seitdem immer wieder beschäftigen wird, ist die Frage, welche Fügung uns hat einander begegnen lassen. Warum wohl aus der kurzen Begegnung im Februar 1993 eine große Freundschaft wurde?

Nach und nach erfuhr ich auf der Hütte Details über den plötzlichen Tod seiner Frau Galmo, mit der er 35 Jahre verheiratet war. Ich erfuhr auch, dass Leichenbestattungen bei den Sherpas sehr kostspielig sind und manche Familie an den Rande des Ruins bringen. Ich sprach ihm Mut zu und er fasste Vertrauen in meine Hilfe.

Nach und nach erzählte mir Gyalzen seine Lebensgeschichte. Schon im Alter von 15 Jahren war er als „Porter“ (Träger) für die Hillary-

Expedition im April/Mai 1953 – für die erste erfolgreiche Everest-Besteigung – unterwegs.
„Damals", so erzählte er, „waren wir 1500 Träger und mussten von Bhaktapur bis zum Everest Basecamp die schweren Lasten von um die 30 Kilo tragen. Allein für das Geld, das die Träger später ausgezahlt bekommen sollten, waren sechs Träger nötig, weil es in Nepal damals nur Münzen gab und kein Papiergeld."
Später war Sherpa Gyalzen für eine japanische, eine italienische und eine indische Everest-Expedition unterwegs. Dabei hatte er jeweils den Südsattel (Südcol, 8000 m) des Mt. Everest erreicht. Leider hatte es für ihn nie übrigen Sauerstoff gegeben, um so vielleicht selbst auf den Gipfel zu steigen. Damals hat ihn das noch außerordentlich betrübt, heute sieht er es ziemlich gelassen.
Im Alter von 20 Jahren heiratete er die fünfzehnjährige Galmo, und eigentlich wäre er Vater von fünf Kindern, wenn nicht drei davon schon kurz nach der Geburt gestorben wären. Geblieben sind ihm zwei Töchter. Serki, die Jüngere, übernahm den Haushalt des Elternhauses. Liebevoll und mit gütiger Strenge ist Gyalzen inzwischen Großvater von fünf Enkeln. Kinder liebt er über alles, und immer wieder beobachte ich, mit welcher Herzlichkeit er sie auf der Hütte begrüßt.
Sieben Jahre gehört er schon zum Team der Reintalanger-Hütte. Mit seinem freundlichen, bestimmten Wesen ist er für uns unverzichtbar geworden. Mit seiner feinfühligen Art ist er während der Hauptsaison auf der Reintalanger-Hütte der ausgleichende Faktor .
Gesellige Hüttenabende mag er besonders, Spiele zur Auflockerung des Hüttenalltags. Wenn Gäste kommen und nach Sherpa Gyalzen fragen, fühlt er sich geehrt. Er hat ein gesundes Selbstwertgefühl. Atmosphäre ist ihm wichtig, wie die Gebetsfahnen und die Gebetsmühle an der Partnach zeigen. Gyalzen reist gerne in fremde Länder. Besonders Gebirgsregionen, wie etwa Chamonix, Grindelwald oder die Sextener Dolomiten, aber auch Städte wie Venedig, München,

Frankfurt und Zürich interessieren ihn. Mit großem Interesse blättert er in Magazinen, hört gerne Musik. Dennoch: Wenn er Bücher über Nepal durchblättert, wenn es draußen tagelang regnet und nur eine Handvoll Gäste da sind, dann bemerke ich manchmal so etwas wie Heimweh – Sehnsucht nach seinem Heimatort Namche Bazar. Um den Trübsinn erst gar nicht aufkommen zu lassen, summt oder pfeift er dann eines seiner vielen Sherpalieder vor sich hin.

Ein Träger zu wenig

Hier in den Bergen ist Sherpa Gyalzen der unumschränkte Chef. Das war während der letzten drei Tage bereits deutlich geworden. Ganz im Gegensatz zur Reintalanger-Hütte, wo er in den Sommermonaten mir gegenüber immer sehr zurückhaltend ist, trifft hier ausschließlich er die Entscheidungen, wir tragen sie respektvoll mit. Erstens wissen wir uns in guten, erfahrenen Händen – er spricht die Dialekte der Einheimischen, übernimmt sogar das Wecken, schaut beim Wandern aufmerksam nach jedem Einzelnen – und zweitens gibt uns sein Auftreten als sogenannter „Sirdar", als Anführer, ein wohltuendes Gefühl von Geborgenheit.

Gnadenlos klopft er bereits um dreiviertel sechs in der Frühe an unsere Türe: „Good morning, it's 6.30, breakfast!"

Besonders hart trifft es wieder unsere Langschläfer, aber auch die Lodgebesitzer müssen aus ihrer Schlafstatt. Doch Gyalzen weiß am besten, was er zu tun hat. Heute morgen etwa, vor der ersten Etappe nach Shivalaya, muß das gesamte Material auf die Träger verteilt werden.

So gesprächig die Abende auch verlaufen, so still sind die Morgenstunden. Nur das Notwendigste wird gesprochen: „What do you like,

Carolin, Tibetan bread or Tschapati? And you?“ Die Mehrzahl entscheidet, was es gibt. Meist ist es Tibetan Bread, unwahrscheinlich, wie das den Magen füllt. Butter ist Luxus, knallrot gefärbte Marmelade gibt es jedoch genügend, auch Honig. Zwei Tassen Milchtee bekommt jeder, das ist's dann auch schon mit dem Breakfast – ein wenig spartanisch. Gyalzen kontrolliert die Rechnung und Carolin als Geldverwalterin zahlt drinnen in der rauchigen Sherpaküche.

Meist sind unsere Rucksäcke eine knappe Stunde später gepackt. Der größte Teil des Gepäcks wird nach dem Frühstück auf die Träger verteilt. Gyalzens Stimme nimmt nun einen etwas schärferen Ton an, einen, der mir ziemlich fremd ist an ihm. In Nepali zitiert er Harka, Manpuri, Chiete, Asman und Tsewang auf die Terrasse. Draußen wird es gerade langsam Tag und die ersten Dorfbewohner ziehen vermummt durch die Straße. Dann beginnt Gyalzen zu verteilen, mit unwahrscheinlichem Temperament und fast etwas unbarmherzig, obwohl er doch selbst einmal Träger war. Armer Chiete! Den Jüngsten trifft es am härtesten, er bekommt das meiste Gepäck, ohne Gnade lädt Gyalzen ihm Stück für Stück auf: Erichs Akkordeon, Ebis Kamerastativ, den einen oder anderen Schlafsack, Wäschestücke und Teile der eigenen Verpflegung. Harka und Manpuri ergeht es nicht viel besser. Die Gitarren, das Tenorhorn, mein 20 kg schweres Hackbrett, Reiseapotheke, eigenes Essen, eigene Kleidung. Den vermeintlichen Joker zieht Asman. Im Verhältnis zu den anderen Lasten ist der Kontrabass, trotz seiner Größe, geradezu leicht. Doch er ist unwahrscheinlich sperrig und schlecht zu tragen, was die 30 Kilogramm schweren Körbe der Anderen leicht aufwiegt. Tsewang wird beauftragt, das Benzinaggregat mit dem Bus nach Kathmandu zurückzubringen, fehlt uns jetzt aber beim Verteilen der Lasten. Unsere Tamangleute verlieren darüber kein einziges verärgertes Wort.

Die Tamang sind mit die größte Bevölkerungsgruppe Nepals und wohnen meist in Höhenlagen zwischen 1600 und 2300 m. Oft sind sie Bergbaueren, Zimmerer oder Maurer. Die Frauen weben Winterjacken und flechten Bambuskörbe. Ganz früher waren die Tamang Pferdehändler. „Ta" bedeutet auf tibetisch „Pferd" und „mang" heißt „Händler".

Während Andi und Ebi filmen und ich noch das eine und andere Foto mache, sind wir schon wieder von einer riesigen Schar Einheimischer umringt. Der Himmel hält sich heute morgen bedeckt und es ist relativ kühl. Angesichts unserer leichten Tagesrucksäcke beschleicht uns ein schlechtes Gewissen, als die Tamang ihre Lasten aufnehmen. Und erst das Schuhwerk unserer Träger: Leichte, lässige Stoffschuhe trägt einer, Sandalen der andere.

„Namaste" grüßen wir die Besitzer der „Sange-Lodge", dann trotten wir erst einmal im Gänsemarsch Richtung Südosten aus Jiri hinaus. Ein ganzer Pulk Dorfbewohner begleitet uns und unsere „big guitar" bis zum Dorfrand, dann sind wir allein am Fuße eines sattgrünen, nach Westen abfallenden Waldhanges. Rasch zieht sich unsere Gruppe auseinander: Die Filmer, die Raucher, die Bergsteiger. Gyalzen, als Kenner dieses Treks in seine Heimat, geht voraus.

Carolin und ich bilden den Schluss. Schon bald merken wir, dass Ebi, unser Kameramann 1, zurückhängt, mit Rucksack, Stativ und einer Kamera. Dass er nebenbei noch eine raucht und aussieht wie das Leiden Christi, macht uns Sorgen. Instinktiv denken wir das gleiche: „Hätten wir bloß einen Träger mehr!" In diesem Zustand wird Eberhard nicht weit kommen.

Als ob unser Stoßgebet erhört worden wäre, kommt von oben durch den Wald ein einzelner, junger Mann in Gummistiefeln herunter. Er trägt eine weiße Wollmütze auf dem Kopf und ist mit einem abgetragenen grauen Anzug bekleidet. Ein schmaler Schnauzbart ziert seine Oberlippe, seine Zähne sind nicht gerade gepflegt, aber das tut seiner freundlichen Miene keinen Abbruch. Spontan fragen wir ihn, ob er nicht Lust und Zeit hätte, wenigstens bis nach Shivalaya als Träger einzuspringen. Bezahlung und Essen würden wir ihm garantieren. Wo wir hinwollen, will er wissen. Wir erklären ihm, dass Namche

Bazar unser Ziel ist. Im ersten Moment ist er misstrauisch, doch dann teilt er uns mit, dass er Pemba heiße, vom Stamme der Sherpa sei und dass er heute erst einmal mitkäme. Carolin und ich sind fast sprachlos über dieses gütige Geschick, das uns fürs erste aus einer prekären Situation heraushilft. Mit einem Grinsen schultert Pemba Ebis Rucksack.

Eine Stunde später erreichen wir ein Hochplateau. Der Himmel hat sich völlig aufgeklart und der hohe Rhododendronwald ist in eine Art Almlandschaft übergegangen. An einer Teelodge, Bhatti genannt, treffen wir wieder zusammen: Trinkpause. Über uns ein klarer Himmel, nur ein leichter Wind weht. Ich ermahne meine Freunde, die verschwitzten Sachen zu wechseln, schnell erschwere eine Erkältung das Weiterkommen und auch die beste Laune ginge dabei flöten. Ratmate bleibt hinter uns, Mali wird das nächste Dorf sein. Immer wieder kommen wir an Gehöften vorbei, einfachen Bauten, vor denen hübsch gekleidete Frauen Körner verlesen. Woanders trocknen Maiskolben unter den Hausgiebeln, Kinder spielen im Hof, ein stolzer Hahn kräht und braune Hühner scharren nach Würmern.

Dort, wo das Plateau abzufallen beginnt, befinden sich riesige Felsblöcke, gerade als wären sie für uns dahin gebracht worden. Sie laden uns zu einer kurzen Sitzpause ein. Im Nordwesten erheben sich über einer Gruppe von bewaldeten Bergketten zwei makellose Eisgipfel. Der Linke ist der fast 7000 m hohe Numbur. Markante Berge wie dieser werden von den Einheimischen oft als heilig verehrt. Ein phantastischer Ausblick über sanfte Hügel, Terrassenfelder und die Gipfel des Solu Khumbu beeindruckt uns alle, besonders unsere Himalayaneulinge sind überwältigt. Schade, dass nur wenig Zeit bleibt, hier an diesem außergewöhnlichen Platz länger zu verweilen.

Serpentinen führen hinunter ins Tal des Khimti Khola-Flusses. Noch einmal rasten wir, diesmal in der Nähe des Dorfes Dovan. In einer Bhatti gibt es eine heiße Nudelsuppe und Milchtee, das muss reichen bis nach Shivalaya, unserem ersten Etappenziel. Eine ziemlich neu aussehende Hängebrücke aus Drahtgeflecht und Stahlträgern, hergestellt von einer Schweizer Firma, führt uns über den Khimti Khola hinein in ein fruchtbares Tal. An einem Ende der Brücke sind zwei Männer mit steinzeitlichem Werkzeug und unendlicher Geduld dabei, einen Stamm in Bretter zu zersägen. Auf die Frage, ob ich fotografieren dürfe, nicken sie nur kurz und bleiben ganz auf ihre Arbeit konzentriert. Gleich erscheinen rechts drüben die ersten Häuser von Shivalaya. Links erstreckt sich eine schmale Kiefernwaldzone, aber auch Erlen, Eichen und Walnussbäume gibt es hier. Da und dort flattert ein Schmetterling, verschiedene Stimmen von Singvögeln sind zu hören. Weiter vorne übertönt das gleichmäßige Rauschen des Khimti Khola das Trillern und Singen.

Shivalaya ist ein verträumtes, malerisches Dorf, wie es schöner nicht liegen könnte. Eingebettet in flach abfallende Hügelketten stehen am Rande eines Gebirgsflusses die kleinen Steinhäuser, braun, beige oder blau bemalt. Gyalzen ist schon vorausgeeilt, um Quartier zu machen und den richtigen Preis auszuhandeln. Auch Essen und Tee hat er schon bestellt.

Das Innere der Lodges ist immer ähnlich: Die Lager sind einfachst aus Holz gezimmert, die Küche meist mit einem gemauerten Herd ausgestattet. Kerosinkocher werden eher selten benutzt, was eigentlich angesichts der stark fortschreitenden Abholzung geboten wäre. Natürlich sind wir uns bewusst, dass auch wir Touristen zu dieser Entwicklung beitragen.

Längst hat es sich herumgesprochen, dass eine Musikgruppe von Jiri nach Namche Bazar unterwegs sei. Alleine unsere „big guitar“ in ihrer schwarzen Hülle hätte wohl dafür gesorgt, aber auch ohne sie wäre den Bewohnern nichts verborgen geblieben. Neuigkeiten verbreiten sich wie Lauffeuer. Asman Tamang hat unseren Bass ohne Probleme hierher getragen. Aber auch Harka, Manpuri, Pemba und vor allem unser Jüngster, Chiete Tamang, leisteten schwere Arbeit. Gemeinsam hocken sie am Boden des Dorfplatzes, hinter ihnen die meisten Dorfbewohner: Rai, Tamang, Chetri und Sherpa. Frauen in roten Röcken, bunten Tüchern und grünen Pullovern, mit ihren Khukris, den nepalesischen Krummdolchen, geschmückte Männer. Neugierige braune Gesichter blicken aus den Fenstern, schmutzige Kinder stehen erhöht auf Bänken. Und mittendrin wir, die Musikgruppe aus Bayern und Baden-Württemberg. Der Tag ist noch einigermaßen hell und die Temperaturen sind angenehm. Also packen wir die Instrumente aus, um gleich einmal zu spielen. Malte und Simon stimmen ihre Gitarren, ein Bein auf der Sitzbank abgestellt. Beeker hat sich mit seinem kleinen Schlagzeug hinter uns aufgebaut.

Beeker, Landschaftsgärtner aus Stuttgart, spielt schon lange mit Carolin und Erich zusammen. Obwohl vom Typ eher ein Einzelreisender, der auch schon viel von der Welt gesehen hat, passt er so gut zu unserer Individualistengruppe, dass ich mir seine manchmal etwas burschikose, aber gleichzeitig auch herzliche Art nicht mehr wegdenken mag.

Die Instrumente klingen über den Dorfplatz, und während wir spielen, spüren wir, wie uns zutrauliche, staunende Augen beobachten. Das haben wir gewollt: glückliche, einheimische Menschen, für die wir ihr „Resham Piriri“ gerne noch ein zweites und drittes Mal spielen.

Die Tamangs

Ulrich Gruber

Wenn man die Siwalik-Berge hinter sich lässt und über die Mahabharat-Kette hinweg das mittlere Bergland Nepals erreicht, kommt man zu den Bergvölkern tibeto-mongolischer Herkunft. Sie teilen sich in größere und kleinere Gruppen auf, denen zwar ihre zentralasiatische Abstammung gemeinsam ist, die sich aber in Sitten, Lebensgewohnheiten und Sprache oftmals deutlich unterscheiden. Die zahlenstärkste dieser Volksgruppen sind die Tamangs. Ihr Siedlungsgebiet erstreckt sich unmittelbar um das Kathmandu-Tal und reicht im Osten bis über das Sun-Koshi-Tal hinaus, im Westen bis an das Tal des Buri Gandaki heran. Sie weisen oft deutlich tibetische Züge auf, obwohl die Zeit, als ihre Vorfahren erstmals in die Täler der südlichen Himalaya-Abdachung vordrangen, schon sehr lange zurückliegen muss. Es gibt eine hübsche Legende, die von der Einwanderung des Tamang-Volks in sein heutiges Wohngebiet erzählt: ‚Vor unendlichen Zeiten lebte weit hinter den hohen Schneebergen eine große, weiße Kuh. Diese Kuh hatte drei Söhne, Thenggu, Lunggu und Tulgu. Als die drei Brüder eines Tages auf einer Almwiese standen, kam ein Windstoß und trug Tulgu davon, weit über die Eisberge, bis auf den Südhang des Ganesh Himal. Dort wurde Tulgu niedergesetzt; er heiratete ein Menschenmädchen, und seine Nachkommen wurden die Tamangs. Sie sind dann später in viele Nachbartäler gezogen und haben ihr heutiges Siedlungsgebiet in Besitz genommen.'

Die Tamangs sind Bergbauern mit recht eigenwilligem Charakter, aber großer Ergebenheit denjenigen gegenüber, die sie als Freunde erkannt haben. Sie sprechen eine eigene tibeto-burmesische Sprache, haben aber keine eigenständige Schrift. Zur Kleidung der Männer gehört eine gewalkte Wolljacke mit kurzen Ärmeln und Fransen am hinteren unteren Rand. Diese Jacke ist sehr kleidsam und im Monsunregen äußerst praktisch, da die nicht entfettete Wolle wasserabstoßend ist. Jeder Tamang-Mann trägt um die Hüfte ein weißes Baumwolltuch, in dem der traditionelle Kukri, ein gebogenes Haumesser und Allzweckgerät, steckt.

Die Häuser der Tamang-Bauern sind solide gebaut, zweistöckig, mit einer Vorveranda als erweitertem Wohnraum ausgestattet und mit Holzschindeln oder Steinplatten gedeckt. Im unteren Stockwerk wird

gekocht, gegessen, geschlafen und gewohnt, das obere dient der Aufbewahrung der Ernte und von Gerätschaften. Besonders stattlichen Tamang-Häusern, mit gepflasterten Höfen und kunstvoll geschnitzten Fensterstöcken, begegnet man am oberen Trisuli-Fluß in der Gegend um Dhunche. Hier wird oben gewohnt, während sich unten Stallungen und Vorratsräume befinden.
Die Tamangs sind als Buddhisten Anhänger der orthodoxen, rotmützigen Nyingmapa-Richtung des tibetischen Buddhismus. In ihren Dörfern stehen einfache Gompas im Stil der Bauernhäuser, in deren Tempelräumen die Lamas ihre Rezitationen vortragen und tantrische Rituale abhalten. Aber nicht nur diesen Priestern, sondern auch den Djakris, den Schamanen, vertrauen die Tamangs ihre Beziehungen zum Reich der magischen Kräfte und Dämonen an.
Die Gemeinschaft der Tamangs ist in Familien-Clane unterteilt, die unter anderem die Hochzeitsregeln bestimmen. So darf innerhalb eines Clans nicht geheiratet werden, wohl aber zwischen Angehörigen verschiedener Clane. Ehe, Scheidung und außereheliche Beziehungen werden recht locker bewertet, nicht zuletzt ein Zeichen für die selbstbewusste, verhältnismäßig freie Stellung der Frau in der Tamang-Gesellschaft. Frauen halten die Fäden in Familie und Haushalt fest in Händen und scheuen sich nicht, ihre Meinung auch gegenüber den Männern energisch durchzusetzen. Der Tourismus hat vielen Tamang-Männern neuerdings einen zusätzlichen Broterwerb beschert: den Trägerberuf. Tamangs sind ausgezeichnete Lastenträger, stark und zuverlässig. Sie werden vorzugsweise auf Trekkingtouren und Bergsteigerexpeditionen eingesetzt, und viele von ihnen haben es schon zum persönlichen Begleiter, Koch oder gar Sirdar gebracht. Auf meinen Wanderungen durch das nepalische Bergland bin ich immer gerne mit Tamangs unterwegs gewesen, die ich als verlässliche Gefährten voller Humor und Freude am Singen kennen lernte. Unvergesslich werden mir zwei Tamang-Träger bleiben, die bei einer Trekkingtour zum Fuß des Achttausenders Makalu einen kran-

ken Teilnehmer drei Tage lang abwechselnd in einem Bambuskorb auf dem Rücken zu Tal trugen. Viele Stunden lang schleppten sie die schwere Last über Almen und Wälder. Ihre Zehen krallten sich wie Saugnäpfe an das glitschige Gestein, wenn sie über kleine Felsstufen hinabkletterten. Und schließlich war niemand erleichterter als diese beiden Tamang-Träger, nachdem sich der Kranke in tieferen Lagen wieder erholt hatte.
In jüngster Zeit entwickeln die Tamangs ein größeres Selbstbewusstsein. Sie wollen nicht länger als rückständige Bergbauern gelten, sondern beweisen, das sie aus eigener Kraft wirtschaftliche und soziale Fortschritte erzielen können. Mit der Gründung des Relief Trust, dessen Präsident ein Tamang ist, haben sie eine Organisation geschaffen, die Dorfentwicklungsprojekte fördert und dazu beiträgt, die Lebensbedingungen der oft mittellosen Dorfbewohner zu verbessern."

Summertime

Shivalaya liegt noch völlig im Schatten, als wir es verlassen. Auf dem Dorfplatz stehen einige Bewohner, die gestern während unserer Musikdarbietung um uns versammelt waren. Auch das kleine Mädchen mit seinem hellblauen Kleid ist dabei, das ich gestern noch eine Zeit lang beobachtet hatte, wie es einen Ball aus zusammengebundenen kleinen Gummiringen geschickt in die Luft katapultierte. Der gleiche Effekt wie beim „Häckisack", dem kleinen, mit Sand gefüllten Lederball, der bei uns zu Hause eine Art Geschicklichkeitsspielzeug ist.
„Resham Piriri" verlangen sie, aber unsere Instrumente sind schon verpackt. Und unsere Tamangträger sind gerade dabei, ihre Lasten aufzunehmen. Wir lassen ihnen ein wenig Vorsprung. Über tausend

Höhenmeter wird der Weg heute ansteigen – kein Pappenstiel. Nachdem Carolin die Rechnung bei der Hausherrin bezahlt hat, brechen auch wir auf. „Namaste – Namaste." Lachend winken uns die Einheimischen nach, während wir nach und nach Shivalaya verlassen. Am Wegrand breitet eine Frau in geflochtenen Schalen Getreide zum Trocknen aus, und auf der anderen Seite des Dorfes schleppen zwei Männer Schwemmholz vom Fluss herauf.

Stotternd, aus meinem Nepali-Sprachführer die Worte ablesend, frage ich Gyalzen: „Jo bato Bhandarma dsane koti ghanda zaktsa? Wie weit ist es von hier nach Bandhar?"

Gyalzen hat ein sehr warmes Lachen und er lacht sehr oft. So auch diesmal. „Tshar, paanch kosh zaktsa. Vier bis fünf Stunden", gibt er mir schmunzelnd zur Antwort. „Bistare dsaola. Wir wollen langsam gehen", sagt Gyalzen lachend, „Mero pachhi aaunos. Folge mir." Meine Freunde haben die Unterhaltung mitbekommen und brechen in schallendes Gelächter aus. Aller Anfang ist schwer.

Gleich hinter Shivalaya wird der Weg steiler. Einigermaßen trocken führt er in Kiefern- und Rhododendronwälder hinein, aber auch andere Pflanzen wie Farne, Bambus und verschiedene grüne Stauden breiten ihr Blattwerk aus. Als wir das Waldstück verlassen, beginnen links und rechts die terrassierten Felder.

In Sangbadanda, einem kleinen Ort, trinken wir Tee. Das Trinken ist in zweierlei Hinsicht wichtig für uns. Einmal um unseren Durst zu löschen und zum anderen verlieren wir dadurch unterwegs nicht den Kontakt zueinander – der Genuss einer Zigarette im Kreis der Freunde oder ein tröstendes Wort. Beim gemeinsamen Unterwegs-Sein können wir das soziale Wesen in uns finden.

Da und dort ein paar armselige Hütten, Hühner gackern, ein Hund bellt, Vogelgezwitscher liegt in der Luft. Dann schallt wieder ein Transistorradio aus dem Hinterhof oder die Stimme eines Trägers, und der typische Rhythmus der Nepali-Lieder durchdringt die Landschaft. Es sind so viele Eindrücke, die auf uns einwirken, dass sie gar

nicht einzeln wahrzunehmen sind. Aber gerade dieses ursprüngliche einfache Landleben zeigt uns, wie wenig man eigentlich braucht, um zufrieden zu leben. Sie haben im Dorf nur einen Brunnen, an dem man Wasser holt, es gibt kaum Strom, von Telefon ganz zu schweigen. Radios sind oft die einzige Ablenkung und trotzdem wirken die Menschen glücklich. Gewiss, in zehn Jahren wird es vielleicht anders sein. Wenn wir einmal unsere Ansprüche freiwillig zurückstellen, vergessen wir schnell, dass diese Leute tagaus, tagein in Armut leben. Würden wir das auch wollen? Es ist ein Leichtes, für kurze Zeit abzutauchen, um das Existenzminimum zu streifen, immer den vollen Geldbeutel im Hinterkopf. Trotzdem ist es wichtig, solche Erinnerungen mitzunehmen, um sich seines eigenen Wohlstands immer wieder bewusst zu werden.
Gebetsfahnen und Mani-Mauern kündigen meist eine Siedlung an, Ortsschilder gibt es hier nicht. Gewöhnlich findet man den Namen eines Dorfes auf einer Art Werbetafel wie etwa „Sangbadanda Lodge Hot Shower". Können wir uns einmal nicht orientieren, gibt uns Gyalzen bereitwillig Auskunft. „Tshia oiune manbartsa. Wir wollen Tee trinken", erklärt er uns. Zur rechten Zeit pausieren und möglichst viel Flüssigkeit zu sich nehmen, mehr als üblich, ist während eines Trekkings mindestens genauso wichtig wie die nassgeschwitzte Kleidung zu wechseln. Unsere Tamangträger mit ihren schweren Lasten haben die Pausen noch nötiger als wir. Aus meinem Rucksack ziehe ich eine Schachtel Camel und strecke sie Asman hin. Nach und nach verteilt er den Tabak an seine Freunde.
Wir sind sehr froh darüber, in einer touristenarmen Zeit unterwegs zu sein, denn wir begegnen kaum Fremden. Heute aber gibt's gleich zwei Zufälle. Zuerst kommt uns eine junge Frau aus Peiting in Oberbayern entgegen, dann doch tatsächlich ein Mann um die Mitte dreißig, der schon öfter auf der Reintalanger-Hütte als Gast übernachtet hatte. Man ist geneigt, die Welt als Dorf zu bezeichnen. Während unserer Teepause hat sich wieder eine Gruppe Einheimi-

scher um uns gebildet, darunter zwei Frauen mit kunstvoll geflochtenen Haaren, beide in weinroten Gewändern, mit glänzenden Nasen- und Ohrringen. Dazu fünf lebendige, lustige Kinder mit wild zerzausten Haaren. Kaum sprechen wir etwas miteinander, plappern sie die Worte nach und warten bereits auf das nächste. Dazu das übliche „What's your name?" oder „Have you a sweet?" Wir würden uns gern länger mit ihnen „unterhalten", wollen aber heute noch nach Bandhar. Also brechen wir wieder auf. In Deorali, in der Nähe des ersten höheren Passes, wollen wir zu Mittag essen.
„Was wird's geben?", fragt Carolin.
„Nudelsupp' nadierlich", wirft Beeker in breitestem Stuttgarter Schwäbisch ein.
„Und heute Abend?", grient Erich.
„Dhal bhat, das gute Dhal bhat", gibt unser Kameramann Ebi kund. Unsere Mahlzeiten sind fast jeden Tag gleich. Für eine große Gruppe zu kochen, ohne dass es lange dauern soll, ist schwierig. Etwas mehr Abwechslung könnte natürlich sein, dennoch, diese kleinen, ironischen, komischen und an sich banalen Dialoge zwischen uns geben mir Aufschluss über den inneren Zustand unserer Gruppe. Ich spüre den Zusammenhalt, die Lust an unserem Unternehmen. Alles ist in Ordnung.
Da und dort treffen wir auf einzelne Häuser, daneben die geflochtenen Strohdächer primitiver Ställe, in deren Schatten eine Wasserbüffelkuh mit ihrem Kalb steht. Missmutig wirft sie ihren Schädel mit den flachen lang gebogenen Hörnern nach hinten und glotzt mich mit ihren undurchdringlichen schwarzen Augen an, als ob sie sagen wollte: „Los, verschwinde." Neben einem anderen bescheidenen Gehöft ist ein Brunnen. Singende Mädchen füllen Wasserkrüge auf, zwei Frauen waschen ihre Kleider in einer Aluminiumschüssel und ein älterer Mann mit zerfurchtem Gesicht bürstet ein paar schmutzige Schuhe. In der Nähe steht verloren eine Blechvase, gerade als ob sie für ein Stillleben platziert worden wäre. Weiter vorne kochen

Frauen über einem Feuer Reis, während drüben die Sonne durch ein Wolkenband ihre Strahlen auf hellgrüne Terrassenfelder wirft. Ansonsten ist die Gegend hier eher braun und trist. Am Wegesrand die typischen Rastmauern, von den Einheimischen kunstvoll aufgeschichtet, dabei stets in Rückenhöhe mit einem eingebauten Absatz. Doch die Mauern dienen nicht nur dazu, dass die Träger dort ihre Lasten abstellen können. Eigentlich sind es Denkmäler für die Verstorbenen. Oft werden Gegenstände von Verstorbenen mit eingebaut, wie mir Gyalzen erklärt.

Chiete, Harka, Manpuri, Asman und Pemba haben ihren ganz eigenen Rhythmus und müssen öfter als wir pausieren und ihre Dokos auf den Steinmauern abstellen. Da ich meist ganz am Ende unserer Gruppe laufe, kann ich gut sehen, wie sich schon von weitem der Kontrabass vom anderen Gepäck durch seine unübersehbare Form und Größe abhebt. Monate vorher hatte ich dieses Bild bereits im Kopf.

Eigentlich müssten wir bald in Deorali sein, doch vorerst ist noch nichts zu erkennen, nur ein paar Häuser, vor denen eine junge Frau mit ihrem Baby auf einer Veranda sitzt und häkelt. Braune Holzschalen mit Zwiebeln, Knoblauch und anderem Gemüse stehen auf Hausmauern. An den Trocknungsvorrichtungen hängen gelbe Maiskolben. Eine kleine Gemischtwarenhandlung hat ihre Läden geöffnet, im Vorübergehen atme ich den Seifengeruch ein.

Ich bin ziemlich weit zurückgefallen, von meinen Freunden ist weit und breit nichts zu sehen. Endlich dann das kleine Dorf auf einer Art Hochebene, ca. 2700 m hoch gelegen. Gyalzen hat die obligatorische Nudelsuppe schon bestellt. Hier in Deorali scheint der Chili schärfer zu sein als sonst. Mir brennt der Mund. Einträchtig sitzen wir zufrieden und still vor unseren Essschalen, nur ab und zu hustet einer wegen der Schärfe. Gyalzen gießt Milchtee nach. Eine Eselherde trabt vorbei, ihre lauten Glocken durchbrechen die Mittagsruhe. Zwei junge Frauen mit Turnschuhen tänzeln in kleinen Schritten den

Weg entlang, obwohl sie schwer zu tragen haben. Sämtliche Lasten werden ausnahmslos auf dem Rücken und in einer Verbindung mit einem aus Hanf geflochtenen Kopftrageriemen getragen. Männer mit ganz schweren Lasten haben meist den traditionellen Holzstock, den sogenannten Dogma dabei, um bei Pausen darauf die Last abstellen zu können, ohne den Korb absetzen zu müssen. Ursprünglich wollten wir in Deorali musizieren, aber unsere Tamang bereiten sich irgendwo ihr eigenes Essen zu, machen ein Feuer und kochen Reis. Dort sind die Lasten und somit auch die Instrumente.
Wir verlassen das kleine, malerische Dorf. Das Gelände beginnt jetzt abzufallen, Bhandar wird um die 2000 m hoch liegen. An einer Baustelle, wo wir kurz rasten, sind wir sprachlos, fast erschüttert. Eine ganze Familie, vom Kind angefangen bis hin zum Großvater, schleppt Steine – die Kinder mit kleinen, klobigen Holzkraxen, die Erwachsenen mit entsprechend größeren. Mit Meißel und Hammer zerlegen sie riesige Felsbrocken. Zwanzig, dreißig Meter weiter oben entsteht daraus ein kleines Häuschen. Beim Anblick der drückenden Lasten kommen uns unsere Rucksäcke plötzlich federleicht vor. Ziemlich betroffen mache ich ein paar Fotos.
Freie Flächen wechseln sich mit dunkelgrünen Wäldern ab. Auf der gegenüberliegenden Talseite blitzen weiße Häuser im Sonnenlicht. Am Horizont streben hohe Berge gegen den Himmel, und im Dunst ist bereits unser morgiges Ziel Sete erkennbar. Vorher aber nächtigen wir in der Nähe des Klosters Bhandar. Der Pfad führt nun immer steiler Richtung Likhu Khola-Tal und verbreitert sich dann zu einem richtigen Weg, der von Buschwerk und Maisäckern gesäumt ist. In der Nachmittagssonne lasse ich mich ganz zurückfallen, trekke für mich alleine dahin, genieße die Weite, grüße die Vorbeikommenden und die Einheimischen vor ihren Häusern.
Endlich nähern wir uns Bhandar. Schon von weitem sehe ich die von der Sonne beschienenen zwei Stupas stehen. Gebetsfahnen säumen den Weg. Vor mir unsere Tamangträger, allen voran Asman mit dem

Kontrabass. Die Stupas liegen am Westrand des Dorfes und gleich nebenan befindet sich die Buddha Lodge. Kurz bevor der Weg zu den Stupas einmündet, säumen ihn Apfelbäume. Ein selten malerischer Platz weitet sich vor den Stupa-Anlagen. Gegen den blauen Himmel heben sich die tibetischen Gebetsfahnen mit dem aufgedruckten buddhistischen Gebet „Om mani padme hum. Oh, du Kleinod im Lotus“ ab. Ihre Farben: weiß, blau, rot, gelb und grün symbolisieren zusammen das Universum und die Erde. Immer und überall auf der Welt verleihen die schwerelos im Wind wehenden Gebetsfahnen einem Ort Ruhe und Leichtigkeit.

Schade, die Sonne ist bereits hinter den Hügeln verschwunden, es wird Zeit, unsere Instrumente auszupacken. Rasch wird es kühl. Wir merken es an den Instrumenten, die ein wenig verstimmt sind. Da wir uns am äußersten Dorfrand befinden, sind bei unserem spätnachmittäglichen Konzert in der Nähe der beiden Stupas nur wenige Zuhörer da. Um so schöner ist die Stimmung. Es herrscht vollkommene Ruhe, nur der Wind bewegt die Äste der Apfelbäume. Heute beginnen wir mit ein paar stilleren Weisen, passend zur Atmosphäre: „Alpenmelodien“, ein Menuett und der „Lebenslauf“, allesamt melancholische, getragene Stücke. Zwischendurch müssen wir kurz unsere Daunenjacken überziehen, wir zittern vor Kälte. Zwei schnellere Stücke noch, den „Schneiderbayrische“ und den „Kontratanz“, dann gehen wir über zu den Nepalesischen Liedern. Gyalzen braucht heute nicht viel zu sagen. Wir spielen eigentlich mehr für uns. Nur seitlich, an der Haustüre der „Buddha-Lodge“, unserem heutigen Quartier, steht die Wirtin mit ihrer Familie. Gerade kommen noch ein paar Einheimische vom Dorf herauf, noch rechtzeitig zum „Resham Piriri“. Besonders ist es aber heute „Nepali 2“ mit seinen Molltönen, das sich mit den Gebetsfahnen, mit den Stupas und der beginnenden Dämmerung verbindet. Während über den Bergen von Bhandar ein rötlicher Abendhimmel die Nacht ankündigt, versinken wir in totale Ruhe und Zufriedenheit. Als wolle Carolin dieses Insich-Versunken-sein noch verstärken, spielt sie in eindringlicher Weise als Höhepunkt dieses Tages ein melancholisches Bass-Solo: „Summertime.“

Carolin

Im Sommer 1991 hatte ich sie auf der Reintalanger-Hütte kennen gelernt. Die Mitarbeiter der Alternativ-Kneipe „Casino“ in der Stuttgarter Mörikestraße hatten als Reiseziel für ihren Betriebsausflug die Reintalanger-Hütte im Wetterstein ausgewählt. Zufälle gibt's. Oder war's vielleicht gar keiner?
Tommi und Josie hatten schon Wochen vorher den Auftrag erhalten, eine Berghütte mit Atmosphäre und schöner Lage ausfindig zu machen. An einem warmen Frühsommertag rutschten die beiden auf den restlichen Schneefeldern des Zugspitzplatts in Richtung Osten hinunter. Schon allein der weite Blick ins Reintal hinunter faszinierte sie, angefangen von den Gipfeln der einsamen Plattspitze und den zerklüfteten Gatterlköpfen, bis hin zu den formschönen Rinnen des Hohen Kammes. Links davon die 1200 m hohe Wand des Kleinen Wanners, gefolgt von den noch höheren Fluchten des Hochwanners. Dahinter die kühnen Wächter des Reintals, der Höhlenkopf und der Jungfernkarkopf.
Rasch löschten sie den ersten Durst auf der Knorrhütte, und bald darauf saßen sie auf der Terrasse der Reintalanger-Hütte. Stillschweigend wählten Tommi und Josie diesen Platz als den richtigen für ihre Zwecke aus und berichteten darüber, als sie wieder in Stuttgart eingetroffen waren. Nicht lange darauf klingelte das Hüttentelefon: Wir sollten, wenn möglich, im August für vier Tage 15 Plätze bereithalten. Ich erinnere mich noch gut an diese Tage. Carolin fiel mir gleich auf,

sie musste der Kopf dieser Truppe sein. Und ich hatte mich nicht getäuscht: Aus der ganzen Schar von Alternativen mit allen möglichen Haarfärbungen, von wasserstoffblond bis grün gesträhnt, stach Carolin heraus. Weniger durch gefärbte Haare, allenfalls durch ihre etwas schrillbunte Kleidung, aber unübersehbar gab sie den Ton an. Nicht etwa durch Befehle, sondern durch ihre stille Bestimmtheit und die Fähigkeit, mit der sie eine Gruppe von Menschen zusammenzuhalten vermag.

Abends saßen wir beieinander. Markus Opitz, Tommi und ich musizierten mit Hackbrett und Gitarren. Die Casino-Leute lauschten, keiner redete dazwischen oder machte anderen Lärm, wie ich es sonst öfter erlebte. Carolin gefiel unsere bayrische Folklore ebenfalls. Ein Jahr darauf wiederholte sich der Betriebsausflug. Ich dachte darüber nach, wie es wohl mit Carolin als Mitarbeiterin wäre. Gerade zu dem Zeitpunkt, als ich sie fragte, ob sie nicht Lust hätte, einmal auf der Reintalanger-Hütte zu arbeiten, begann sie eine Ausbildung als Kontrabassistin.

Im Juli 1995 war es dann tatsächlich so weit. Carolin hatte einen Monat Zeit, dazu Peppi und Susanne, und auch mein Freund Gyalzen Sherpa war gerade wieder zu Besuch. Von Anfang an lief alles wie am Schnürchen, ein so perfekt funktionierendes Hüttenteam hatte ich noch selten erlebt.

Schon als ich 1986 die Reintalanger-Hütte als Pächter übernahm, besaß ich eine ganze Reihe von Musikinstrumenten, daraunter auch einen Kontrabass, den ich vor Jahren einmal für 700 Mark erstanden hatte. Allein dieses Instrument, aus Ahorn- und Fichtenholz in einer Mittenwalder Firma 1952 gefertigt, strahlt eine unwahrscheinliche Wärme aus. Um in Übung zu bleiben, übte Carolin täglich eine Stunde auf diesem herrlichen Musikinstrument. Der Nachteil daran war, dass Susanne mit der Gitarre und ich mit dem Hackbrett mitspielen mussten. An Mittagsschlaf war nicht mehr zu denken. Dafür hatten wir beim Musizieren unendlich viel Freude miteinander. Ein

ums andere Mal spielten wir neben unserem traditionellen Weckruf bei schönem Wetter auf der Terrasse, abends nach getaner Arbeit in der Hüttenstube, zu Geburtstagen oder zum Abschied sympathischer Gäste. Während dieser Zeit kam auch Erich, Carolins Lebensgefährte, immer öfter zu uns. Er übernahm fortan die musikalische „Fort- und Weiterbildung“ auf der Reintalanger-Hütte.
Inzwischen war das „Casino“, in dem Erich und Carolin gearbeitet hatten, aus seinem angestammten Platz hinausgeklagt worden. Die Szenekneipe „Schlesinger“ trat die Nachfolge an. Carolin schlug während dieses Kneipenwechsels ganz den Weg zur Bassistin ein und zupft heute in mehreren Stuttgarter Bands. Den Juli oder August hielt sie sich aber jeweils für die Reintalanger-Hütte frei, sozusagen als meine rechte Hand. Carolins Ausstrahlung, ihre ausgleichende Art – im Freundeskreis oder in ihren Bands – und ihr unverwechselbares Spiel an den Basssaiten, egal ob es sich dabei um klassische, bayerische, jazzige oder Reggae-Musik handelt, ließen sie zu einem liebenswürdigen „Star“ werden.

Überraschung in Sete

Beim Frühstück fällt mir auf, dass Beeker, unser Schlagzeuger, kaum ein Wort spricht, auch ist er ziemlich dick eingepackt, als ob es ihn frieren würde.
„Bist du krank, Beeker?“, frage ich ihn.
„Ach ja, ein bisschen erkältet .“
„Pass auf dich auf, Beeker, morgen müssen wir einen Pass von über 3500 m überqueren. Einfach regelmäßig nasse Wäsche wechseln.“
„Ja, ja, das wird schon wieder.“
Unsere Tamangträger sind bereits unterwegs, wir warten draußen vor

der Stupa noch auf Ebi. Er ist fast jeden Tag der Letzte. Gyalzen hat es nicht gern, wenn wir unpünktlich wegkommen: „Today we have a very nice landscape, but we need seven, eight hours to go to Sete. Afternoon from Kenja to Sete it's very, very steep. Let's go." Seine Stimme klingt heute morgen etwas besorgt. Dem Likhu Khola zustrebend verlassen wir den malerischen und bezaubernden Platz an den weißen Stupas von Bhandar. Mir kommt es vor, als hinge die Melodie von Carolins Bass-Solo noch irgendwo zwischen den Gebetsfahnen.

Unterhalb von Bhandar tauchen wir in einen tiefgrünen Erlenwaldgürtel ein. Eine unwahrscheinlich fruchtbare Gegend. Zahlreiche kleine Bäche sprudeln nach Osten dem Likhu Kola entgegen, alles kleinste Quellflüsse des heiligen Stromes Ganges, wie mir Gyalzen erklärt. Nach und nach zieht sich unsere Gruppe wieder auseinander. Jeden Morgen gibt Gyalzen die Losung aus: „Nur nicht schneller als die Träger sein, das ist für deren Moral nicht gut." Bald ist der Waldgürtel durchschritten und das Gelände neigt sich mehr und mehr dem Talboden zu, dem Tal des Likhu Khola. Gholunda ist die nächste Ortschaft. Hier in den tieferen Lagen, nahe des Flusses, wohnen hauptsächlich Chetri, Rai und Brahmanen friedlich miteinander. Das Dorf ist umgeben von sattgrünen Terrassenfeldern, Erlen, Papaya- und Bananensträuchern. All das wächst hier in Hülle und Fülle, sogar Orangenbäume voller Früchte sind zu sehen. Eine Brahmanenfamilie sitzt versammelt auf einer Bank vor ihrem Haus: Lachende Großeltern in braunroten Gewändern, gleich gekleidet die beiden kleinen Mädchen und ihre Mutter. Alle sind mit roten Glasperlenketten und mit einer geflochtenen roten Wollschlinge über der Schulter geschmückt. Die Häuser hier sind mit Schindeln bedeckt, dazu die typischen Trocknungsvorrichtungen für Heu und Gemüse. Die meisten Gebäude sind ockerfarben getüncht, die Vordächer grünbraun, Fenster- und Türstöcke sind ziemlich verwittert. Zwei, drei winzige Kramerläden gibt es hier, aber auch ein paar Bhattis. Ein Häher

krächzt in einem Papayabaum. Vom Fluss herauf kommt ein junger Rai mit zehn aufgespießten Fischen, später wird er sie vor seinem Haus an einer Schnur zum Trocknen aufhängen. Während mein Blick hinüber zur sonnenbeschienenen anderen Flussseite schweift, wandere ich an einem kleinen Gehöft vorbei, in dessen Hinterhof einer Gruppe Wasserbüffelkühe grast. Eine Herde Maultiere stapft mit fröhlichem Geläute den serpentinenartigen Weg herauf. Wo ich hinschaue, ein Motiv schöner als das andere: Hier eine Schar Hühner, die munter nach Regenwürmern scharrt, dort ein paar Ziegen, die am untersten Blattwerk einer Erle herumfressen. Gleichmäßig aufgeschichtete Steinmauern säumen den Weg. Auf der anderen Seite sitzen ein paar lächelnde Frauen beim Aussortieren winziger Kartoffeln. „No good potatos, very small", erklären sie mir lachend in Englisch. Den ganzen Vormittag erlebe ich im Einssein mit der Natur, fühle ich mich innerlich völlig gelöst.
Als ich so vor mich hinträume und die Serpentinen zum Talboden hinunterwandere, höre ich einen Pfiff hinter mir. Ich traue meinen Augen nicht: Es ist Tsewang, der uns gerade wieder einholt, nachdem er unser ungeliebtes Stromaggregat ohne Probleme nach Kathmandu zurückbringen konnte. Gyalzen und ich sind hoch erfreut, dass Tsewang diesen Auftrag in einem so höllischen Tempo erledigt hat. Im Greenwich-Hotel hatte er Klaus Wanger getroffen, der ihm nicht nur das Aggregat abgenommen, sondern auch zwei Geschenke für unsere Gruppe mitgegeben hatte. Eines überreicht er mir gleich an Ort und Stelle – eine Flasche Whisky. Das andere wäre eine Überraschung für den Abend in Sete.
In der Zwischenzeit erreichen wir flussaufwärts das rechte Ufer des Likhu Khola. Zum Teil ist es von Erlen gesäumt, zum Teil mit verschieden grauen Felsbrocken verbaut, über die wir uns bewegen. An einer Stelle ist eine Schnur aus aufgefädelten gelben Blumen über den Fluß gespannt. Gyalzen erklärt mir, dass dies ein heiliger Platz der Hindus sei und dass sie hier ihre Gebete verrichten. Nicht nur

den Hindus erscheint dieses Tal heilig, auch mir ergeht es so. Wenn ich heute darüber nachdenke, so war dieser Wegabschnitt, neben dem von Khari Khola, der eindrucksvollste des gesamten Trekkings von Jiri nach Namche Bazar. Über die Matten verstreut, da und dort, ein Heuhaufen, schwarz-graue Wasserkühe grasen, und immer wieder Gruppen von Trägern. Manchmal fragt Gyalzen: „Khan dsane ho? Wo gehst du hin?“ – „Namche Bazar“, kommt die Antwort, ohne das die Träger dabei den Blick vom Boden wenden. Mit ihren riesigen, schweren Lasten, ihren Säcken voller Reis oder Getränkedosen, die meist für den dortigen Wochenmarkt bestimmt sind, können sie kaum den Kopf heben, wenn sie nicht das Gleichgewicht verlieren wollen. Ausgerechnet ich streife einen der Träger, so dass er strauchelt und hinfällt. „Kann man denn so dumm sein?“, hadere ich mit mir selbst. Schnell versuche ich dem Umgefallenen wieder auf die Beine zu helfen. Gyalzen, Tsewang und Ebi, der auch gerade in der Nähe ist, kommen mir zu Hilfe. Erst jetzt spüre ich, wie schwer eine solche Last wirklich ist. 100 kg, zwei Zentner! Unwillkürlich schäme ich mich mit meinen lausigen 12 kg. Der Träger hat Öldosen in seinem Gepäck und will mit diesen bis nach Namche Bazar laufen. Es wäre nicht das erste Mal, dass Träger unter solchen Lasten einfach tot zusammenbrechen.

Durch einen schmalen Erlengürtel, der sich wie ein Riegel durch die Landschaft schiebt, kommen wir zu einzelnen, lehmverputzten Häusern, wo meine Freunde auf mich warten. Endlich Teepause. Chiete, Harka, Manpuri, Asman, Pemba und Tsewang als nunmehr sechster Träger ziehen genüsslich an einer Camel: „Ramro. Gut“, erklären sie. Aber auch Erich, wie jeden Tag in seinem schwarz-weiß gemusterten Norwegerpullover, der dicken wollenen Keilhose und seiner Zipfelmütze, lässt sich eine schmecken, ebenso Carolin, Beeker, Ebi und Simon, unser Zweitjüngster. Wir anderen sind Nichtraucher und lästern höchstens über unsere Suchtler. Gleich in der Nähe unseres Rastplatzes ist ein Bauer damit beschäftigt, Hirse durch die Finger auf

eine Bastmatte rieseln zu lassen. Daneben stehen seine dreckverklebten Kinder: „Sweet, sweet“, bettelt eine Piepsstimme. Für uns Europäer sind dies Schlüsselerlebnisse. Obwohl auch in Kathmandu zahllose solcher Kinder herumlaufen – hier werden sie uns noch mehr bewusst. „Very poor people“, erklärt Gyalzen. In meiner Rucksacktasche finde ich eine Tüte Studentenfutter, deren Inhalt ich in die aufgefalteten Händchen der Kinder schütte.
Über eine eindrucksvoll blaue Hängebrücke erreichen wir das andere Ufer und wenig später Kenja. Ganz in der Nähe mündet der Kenja Khola in das Flussbett des Likhu Khola. Kenja, ein größerer Ort, scheint wohlhabender zu sein als die anderen. Dies liegt wohl an der Lage dieses Dorfes, das eine Art Verkehrsknotenpunkt darstellt. Von allen Himmelsrichtungen führen Trekking- und Versorgungswege in den Ort. Polizisten kontrollieren an einem Checkpoint unsere Pässe und Trekkingpermits.
Andi ist wie immer vorne an der Spitze unserer Gruppe, um besonders malerische Situationen und Motive mit uns, unseren Trägern und den Instrumenten auf Zelluloid zu bannen.
Hier in Kenja wohnen hauptsächlich Sherpas. Gyalzen kennt eine Familie, doch nur die Frauen sind zu Hause. „Menyu kahaan chha? Wo ist die Speisekarte?“, fragt er nach. Statt Nudelsuppe bestellen wir heute alle Kartoffeln mit Gemüse – ein Fehler, wie sich bald herausstellt. Hätten wir gewusst, dass dieses Mittagessen erst vom Garten geholt werden muss, wäre uns die gute alte Nudelsuppe willkommener gewesen. So aber müssen wir über eine Stunde warten. Gyalzen ist ziemlich verärgert und meint, dass er hier nicht mehr einkehrt, zumal ihm auch der Preis des Essens zu hoch ist. Dennoch, wir fühlen uns in der Dorfmitte Kenjas sehr wohl, ruhen uns aus und können in aller Gemütsruhe den vorbeiziehenden Dzos (eine Yak-Rind-Kreuzung) samt ihren Treibern und Lasten nachschauen. Auch zahlreiche einzelne Träger ziehen an uns vorbei, stets ein freundliches „Namaste“ auf den Lippen. Endlich – „Linos. Nehmt Euch!

Guten Appetit", wünscht uns Gyalzen. „Mitho, lecker", antworten wir ihm, unseren Bäuche genüsslich reibend, als wir endlich in der verrauchten, aber warmen Sherpaküche unser Mahl einnehmen.
Der Uhrzeiger geht schon mächtig auf zwei Uhr zu, als wir unsere Rucksäcke wieder aufnehmen. Unsere Tamang arbeiten sich den ersten steilen Aufschwung hinauf. Gerade als ich die ersten Serpentinen hinaufschaue, verschwinden weit oben Asman mit dem Kontrabass und Harka mit dem schweren Hackbrett um eine Kurve. Tausend Höhenmeter noch bis nach Sete.
Später, im Hof einer Bhatti mit phantastischem Blick auf die umliegenden Bergketten, versammeln wir uns alle. Wir sind derart durstig, dass sogar Erich ganz gegen seine Gewohnheit eine Cola trinkt. Die anderen laben sich an einer Hot Lemon.
Auf dem nächsten Stück Weg wechseln wir uns in der Führung mit zwei Französinnen ab. Einen Träger, der Kerosin transportiert, überholen wir lockeren Fußes. „Kunststück", wenn man bedenkt, dass er siebzig Kilo schleppt. Nach und nach legt sich der Weg ein wenig zurück. Von einer Waldlichtung aus sehen wir im Osten die Bergkette, die wir morgen überschreiten müssen, darunter ein paar weiße Häuser - Sete. Zwei Stunden noch.
Die Sonne ist bereits hinter den Bergen von Bhandar verschwunden, und es ist ungemütlich kalt geworden. Rasch wechsle ich meinen nassen dünnen Pullover gegen einen trockenen aus. Obwohl wir alle vom heutigen langen Tagesmarsch ziemlich müde sind, herrscht beste Stimmung. Eine unbeschreiblich schöne Strecke liegt hinter uns. Immer noch sind Träger mit riesigen Lasten und erbärmlichem Schuhwerk unterwegs, doch auch noch spät am Tag sind sie freundlich. Immer wieder „Namaste" – auch wenn es schwer fällt.
Kurz vor 17 Uhr bleibt Gyalzen endlich an einer Steinmauer stehen. Andi ist ganz in seiner Nähe und filmt. Stille rundum und die ersten Sterne leuchten auf. Keiner redet. Eine feierliche Stimmung umgibt uns.

„Hami jo hotelma basne saktsaong? Können wir hier übernachten?", bricht Gyalzen das Schweigen, als er einen Lodgebesitzer um ein Lager bittet.
Bald gibt's Essen. Statt heute Mittag gibt es die Nudelsuppe eben jetzt. In unsere Daunenjacken verpackt, sitzen wir schmunzelnd über den Suppenschalen und löffeln. Milchtee, Hot Lemon und ein paar Flaschen Bier löschen unseren Durst. Dicht gedrängt hocken wir in der Sherpaküche, eine Petromax spendet Licht und ein Ofen in der Mitte des Raumes Wärme. Er wird mit Yakmist beheizt. Trotz allem will es nicht so recht warm werden, denn an allen Ecken und durch alle Ritzen zieht es herein.
Die Sherpafamilie mit ihren munteren Kindern wartet schon gespannt auf unsere Musik. Heute muss ich mein Hackbrett erst ein wenig nachstimmen. Der Kontrabass ist ausgepackt, auch das Akkordeon, die Gitarren und das Tenorhorn. Beeker steht mit ziemlich glasigen, erkälteten Augen hinter seinem Schlagzeug. Gerade als wir zu spielen beginnen wollen, übergibt mir Gyalzens Schwiegersohn Tsewang ein Päckchen. „Surprise", sagt er und lacht. Jeden von uns hat die Neugier gepackt und es treibt mich, das Päckchen schneller zu öffnen. Donnerwetter – zwei Flaschen Rotwein kommen zu Tage. Dazu noch ein Brief von Klaus Wanger und Agathe Schmiddunser aus Kathmandu. Als ich das Blatt kurz überfliege, bin ich vollends überrascht. Ein Freund von Klaus hatte am 7.12.98 in der Münchner Abendzeitung den Artikel „Bayrischer Hüttenabend am Mt. Everest" gelesen, in dem alle unsere Namen erwähnt und sogar ausnahmslos richtig geschrieben waren. Rasch faxte er den Zeitungsausschnitt nach Kathmandu, und so hatten Klaus und Agathe den Artikel noch am gleichen Tag.
Zufällig kam Tsewang gerade an diesem Tag ins Hotel Greenwich nach Kathmandu, um das schwere Stromaggregat abzuliefern, und die beiden gaben ihm das Päckchen mit dem Fax, einem kurzen Brief und zwei Flaschen Rotwein mit auf den Everest-Trek. Und jetzt in

Sete erreicht uns die Überraschung am 11.12. abends um 18 Uhr. Wir sind baff: Ein Fax über uns hier. Mitten in den Himalaya hinein. Einfach verrückt.
Als wir zu spielen beginnen, sind wir von einer regelrechten Hochstimmung gepackt, jedes Stück läuft uns super von der Hand. Dann und wann genießen wir einen Schluck Rotwein, und zwischendrin macht Gyalzen den Conférencier. „Resham Piriri" müssen wir gleich dreimal zum Besten geben, aber auch „Nepali 1" und „Nepali 2" spielen wir fehlerfrei. Heute ist einer der Abende, wie es sie selten gibt. Manchmal passt eben einfach alles. Sogar die Einheimischen spüren, wie zufrieden und unendlich glücklich wir heute sind.

Schnee am Lamjura Banjang

Obwohl uns der heutige Tag mit tiefhängenden Wolken begrüßt, sind wir alle in großartiger Laune. Der bisherige harmonische Verlauf unserer Musiktrekkings und vor allem der gestrige Abend, der für uns alle ein erster Höhepunkt war, gibt uns mächtig Auftrieb. Gestern Abend war es nicht nur für uns ein Fest – unsere gute Laune war auch auf Asman, Chiete, Harka, Manpuri, Pemba und Tsewang übergesprungen.
Wie an den anderen Tage auch, verlassen wir die Lodge – heute die „Solu Khumbu-Lodge" – kurz nach sieben Uhr morgens. Ein paar Hunde bellen in der Nähe, als wir die ersten Schritte hinein in die nahen Rhododendronwälder machen. Sofort steigt ein staubiger Pfad steil an. „Today we cross the highest point of this trek, 3500 m", erklärt uns Gyalzen. Jetzt wissen wir Bescheid.
Es ist windig und unangenehm kühl. Während gestern Abend der Blick hinunter auf die Hügel von Bhandar noch frei war, ist nun alles

verhangen. Da und dort führt der Weg auf eine Lichtung hinaus, manchmal begegnen uns ein paar Träger, um gleich wieder unter dem Blätterdach der riesigen Rhododendronbäume zu verschwinden. Gyalzen schaut zum Himmel: „Adsa tulo badal tsa, hiu. Heute große Wolken, Schnee“, bedeutet er mir. Ich mache mir Sorgen um Beeker, seine Erkältung hat sich verschlimmert.

Nasse, kalte Witterung kündigt sich für den langen Weg nach Junbesi hinüber an. Das wirkt sich auf Beeker nicht sonderlich erheiternd aus. Mutterseelenallein stapft er vor sich hin. Nur bei unserer ersten Trinkpause an einer der Bhattis bekommen wir ihn kurz zu Gesicht. Aber auch Andi ist angeschlagen. Ihn, den absolut Stärksten und Trainiertesten von uns, hat ein Durchfallerreger angefallen. Ständig das geeignete Buschwerk im Auge, läuft er vorne weg. Aber nicht nur deswegen ist Andi stets an der Spitze unserer Gruppe, auch ist er immer bemüht, gute Einstellungen vor seine Filmkamera zu bekommen. Sei es nun, um unsere Gruppe in einer Weitwinkel- oder in einer Totalaufnahme zu sehen. Malte bewegt sich im hinteren Bereich der Gruppe und ist meist akribisch mit dem Fotografieren beschäftigt, während Simon durchwegs vorne sein Tempo geht. Carolin und Erich bewegen sich stets verbindend in der Mitte.

Anstrengend geht es unter riesigen Rhododendronbäumen hindurch. Die Wolkendecke ist plötzlich aufgebrochen und die Sonne schickt ihre Strahlen ins dunkelgrüne Blätterdach. Herbert Tichy schrieb in einem seiner Bücher: „Nepal war Anfang der fünfziger Jahre ein einziger Zaubergarten von Rhododendron. Mit Beginn des Massentourismus aber hat sich die ökologische Lage immer mehr verschlechtert.“ Es gibt Zonen in Nepal, wo kein Holz geschlagen werden darf, doch selbst dort hört man dann und wann verdächtige Geräusche aus dem Innern des Waldes. Immer noch scheint Holz für die Einheimischen billiger zu sein als Kerosin. Wer Kerosin möchte, muss es von Jiri bis Namche Bazar oder noch weiter her tragen. Auch heute sind wieder Kerosinträger unterwegs. Weiter oben an einer Waldlichtung

rastet eine Gruppe von ihnen, es sind Tamang. An einem wärmenden Lagerfeuer kochen sie Suppe oder Reis.
Nach einer Strecke fast ohne Gehöfte oder Bhattis tauchen nun wieder mehrere kleine Weiler auf. Da und dort fügen sich alte bemooste Steinmauern mit angelehnten Gebetstafeln in die Landschaft ein, darin eingemeißelt immer ein- und dasselbe Mantra: „Om mani padme hum."
Erste Teepause in der „Numbur Lodge". Zwei Sherpafrauen in dunklen Kleidern und mit der typischen quergestreiften, bunten Schürze bekleidet, stehen mit ihren Kindern auf dem Arm im Türstock, der früher einmal gekalkt gewesen sein muss. Im Laufe der Zeit ist der Türrahmen aber wieder zu seiner Naturfarbe Braun zurückgekehrt. „Sweet, sweet", ist gleich wieder zu hören. Gyalzen verhält sich in solchen Fällen neutral, denn es wird davon abgeraten, den einheimischen Kindern Bonbons zu geben. Was soll man aber machen bei diesem unwiderstehlichen Lachen? Irgendwo finde ich statt eines Bonbons noch einen Kaugummi.
Hot Lemon und Ginger Tea ist inzwischen unsere Spezialität geworden, genauso wie Nudelsuppe am Mittag. Da mein Unterhemd schon wieder nass geschwitzt ist, wechsle ich es und lasse es am Sherpafeuer trocknen. In dem Moment, als es zu trocknen beginnt, schrumpft die teure Funktionsunterwäsche auch schon. Einer unser schmächtigen Träger nimmt das zu klein gewordene Unterhemd dankend an. Andis Magen rebelliert ununterbrochen, nun bekommt er von mir das zweite Mal Schwedenkräuter, vielleicht helfen sie mit der Zeit. Eine bis eineinhalb Stunden sind es noch bis Lamjura unterhalb des gleichnamigen Passes. Steinmauer an Steinmauer steht hier oben in der Nähe des Passes. In Kammnähe des Lamjura Banjang wachsen auf der Westseite nur noch vereinzelte Bäume und niedrige Büsche. Felsen und Geröll prägen nun die Landschaft. Das Ambiente hat sich geändert, ist jetzt eher alpin.
Mit einem Male zieht es wieder zu. Eine dicke, dunkelgraue Nebel-

wand umhüllt das Land mit einem mystischen Schleier. Ganz plötzlich bricht mit lautem Gebimmel eine Herde unbeladener Maultiere aus dem Nebel hervor. Die Herde wird neue Güter von Jiri nach Junbesi bringen. Nur kurz ist der Eseltreiber zu sehen, dann verschlingt auch ihn wieder der dichte Nebel. Für eine kurze Weile sind noch seine Rufe zu hören: „Ha – ho, ha – ho."
Wie eine Fata Morgana taucht im dichten Nebel plötzlich die „Himalayan Buddhist-Lodge" auf. Gyalzens Schwiegersohn Tsewang ist bereits dabei, unser Mittagessen zu ordern, und Gyalzen selbst wartet geduldig vor der Lodge, bis auch der Letzte von uns – das ist heute Ebi – eintrifft. „Khaanaa. Essen", offeriert Gyalzen mit seinem nie ermüdenden Charme. „Today noodlesoup with egg" und dabei lacht er so, dass auch wir alle in schallendes Gelächter ausbrechen. Unsere Tamangträger haben sich irgendwo eine geschützte Ecke zum Kochen im Freien gesucht, nur Pemba, der Sherpa, isst mit uns. In den Augen der Sherpa sind die Tamang hierarchisch mindestens eine Stufe tiefer einzuordnen – so scheint es mir wenigstens. Möglicherweise liegt es aber auch an Gyalzens Alter, dass er den Tamang gegenüber wie ein Patriarch auftritt.
Kaum betreten wir das Innere der Lodge, fühlen wir uns geblendet. Dass es unter den Sherpas auch betuchtere gibt, spürt man spätestens hier. Mobiliar, Teppiche oder Geschirr, alles wirkt hier gediegen und farblich aufeinander abgestimmt. Auf den kleinen Teppichen der Sitzbänke lassen wir uns nieder, und schon bald dampft warmer Tee vor uns. Schön wäre es, jetzt in diesem malerischen Raum Musik zu machen. Doch einerseits fehlt uns die Zeit und zum anderen wollen wir unsere Träger mit dem Ein- und Auspacken unserer Instrumente nicht noch zusätzlich belästigen. Außerdem blicken wir durch die Küchenfenster ganz plötzlich in ein dickes Schneegestöber. Gott sei Dank gehören zwei größere Plastikplanen zu unserem Gepäck. Wir hatten sie in Jiri eingekauft. Kontrabass, Hackbrett, Akkordeon, Tuba und Gitarren sollten schon einigermaßen trocken bleiben. Wir haben

Glück, denn der Schneeschauer dauert nur ein paar Minuten. Doch es sieht so aus, als wollten sich die Wolken noch einmal entladen. Obwohl es in dieser wohligen Sherpaküche so schön gemütlich ist, verkürzen wir wegen des Wetters unsere Mittagspause.

Draußen im Hof kommt uns eine junge Frau entgegen. Ihre Last scheint nicht schwer zu sein, doch zusätzlich trägt sie noch ihr Baby. Aus dem Kindergesicht schauen große, runde schwarze Augen erstaunt auf die Flockenpracht. Vorsichtig stellt die junge Frau ihren Korb ab und kümmert sich um ihren Sprössling. Damit er vor der ärgsten Nässe geschützt ist, deckt sie ihn mit einem Wolltuch ab.

Wir nehmen die Rucksäcke wieder auf und setzen unseren Marsch fort, lassen Steinmauern und Gebetstafeln am Weg liegen und steigen langsam zur Passhöhe des Lamjura Banjang hoch. Der Schneefall wird jetzt so dicht, dass wir kaum 100 Meter weit sehen. Am Lamjura-Pass gesellt sich noch ein unangenehm heftiger Wind dazu. Rasch ziehen wir uns unsere gesamte warme Kleidung über. Es reicht, wenn Beeker bereits halb krank ist. Die Passhöhe können wir zwar kaum erkennen, dafür kündigt sie sich anders an. An markanten Orten, die hierzulande auch „Energieplätze“ genannt werden – Plätze wie etwa in Kathmandu der Swayambunath, besondere Berggipfel oder Dorfplätze – sind Gebetsfahnen angebracht. Hier ist es der 3550 m hohe Lamjura-Pass. An zwei Stellen des Übergangs stecken zahlreiche starke Bambusruten in der Erde, daran befestigt die Fahnen. Der Wind trägt das Knattern der unzähligen, zum Teil zerfetzten Fähnchen zu uns herüber. Der Anblick dieser Gebetsfahnen im Nebel, vom Wind und Schneegestöber umhergerissen, hat etwas Transzendentales, Metaphysisches, Heiliges. Die Szene wirkt zunehmend irreal, als aus dem immer mehr zunehmenden Schneetreiben eine barfüßige ältere Frau auftaucht, in schweren braunen Kleidern, mit einem durchlöcherten Schirm und einem prallvollen Bambuskorb. Der einfache, aus Kokos geflochtene Trageriemen spannt sich über die Stirn des fast zerbrechlich aussehenden Kopfes. „Namaste“, kommt es der Frau leise über die Lippen. Wieder einmal nehmen wir diese an sich alltägliche Szene voller Beschämung wahr. Durch die unwirtlichen Wetterverhältnisse verdeutlicht, wird sie sich für immer in unser Gedächtnis eingraben. Unsanft werden wir aus unseren Gedanken herausgerissen, denn eine Maultierherde mit einem Leittier, das eine riesige, laut klingelnde Glocke umgehängt hat, taucht aus dem Flockenwirbel auf, um sogleich wieder jenseits der Passhöhe zu verschwinden.

Wir aber steigen nach Norden ab Richtung Junbesi. Ein Stück weiter unten nimmt uns wieder ursprünglicher Mischwald auf. Ein mächtiger Schneeschauer prasselt auf die Blätter der Bäume und Büsche und erzeugt ein Geräusch, als rausche ein riesiger Wasserfall in der Nähe. Obwohl ich mir immer wieder einrede, dass sie es gewöhnt seien, tun mir bei diesem Wetter vor allem unsere Tamangträger leid: Dieses miese Schuhwerk und diese primitive Kleidung! Wir müssen darauf achten, dass keiner von uns auf den glitschigen Steinplatten ausrutscht. Ein Bänderriss oder gar ein Knöchelbruch wäre fatal. Seit Tagen klemmen unsere Schirme umsonst an unseren Rucksäcken, als würden sie über uns spotten wollen. Heute schützen uns die praktischen „Umbrellas" vor der größten Nässe und den Erkältungen. In Jiri hatte ich die Schirme unter großem Gegrinse der anderen gekauft. Ein Schwarm Dohlen deutet uns an, dass wir in der Nähe von Häusern sind, und tatsächlich tauchen sie gleich hinter dem Wald aus dem Nebel auf. In einer warmen Bhatti schlürfen wir heiße Hot Lemon, draußen im Hof stehen unsere Lasten. Auf den schützenden Plastikplanen über den Musikinstrumenten bilden sich kleine Schneehäubchen. Wenn nur das Wetter wieder besser wird. Je näher wir dem Tal von Junbesi kommen, um so mehr geht der Schnee in Regen über, um dann von Nebelschwaden abgelöst zu werden. Gespenstisch verschwinden die Baumkronen darin.

Noch eine Zeit lang geht es fast eben an buckeligen Wiesenhängen entlang, dann endlich sind die ersten Dächer von Junbesi erkennbar.

Beeker muss sofort aufs Lager, seine Erkältung ist, bedingt durch das heutige Wetter, vollends ausgebrochen. Wir pumpen ihn erst einmal mit Grippetabletten voll. Doch auch wir anderen sind heute vom langen Tagesmarsch erschöpft. Ich leide an Kopfweh und sehne mich nach trockenen Kleidern.

In einer geräumigen Lodge sind wir heute untergebracht. Gyalzen hat längst das Abendessen für uns bestellt. Zur Abwechslung gibt es heute mal wieder Kartoffeln mit Gemüse, dazu Hot Lemon und Tschia, den nepalesischen Milchtee. Auf klobigen Bänken, mit Schaumgummi belegt, nehmen wir Platz und legen unsere Instrumente auf die einfachen flachen Holztische. Mein Hackbrett hat seine „Stimmung" gehalten, so dass es zu Erichs Akkordeon passt. Tassen gehen herum und in großen Thermoskannen Milchtee. Die freien Sitzplätze um den mit Glut gefüllten Blechkübel sind bald dicht mit freundlichen Einheimischen besetzt, in braune, warme Gewänder gekleidet. Die Frauen haben sich mit farbigen Steinketten geschmückt und mancher der Männer lässt eine Holzperlenkette durch die Finger wandern, um seine Gebetseinheiten abzuzählen. „Om mani padme hum", näselt es hie und murmelt es da.

Dann gibt Erich das Zeichen zum ersten Musikstück. Wie immer zum Beginn etwas Bayrisches, später dann die Nepali-Lieder, sie sollten immer der Höhepunkt sein. Inzwischen ist es das sechste Mal, dass wir hier in Nepal aufspielen. Mit jedem Mal gelingt das Zusammenspiel besser und die Menschen hier sind besonders aufmerksam und können es kaum glauben, dass fremde Leute aus Deutschland ihre Instrumente nehmen, nach Nepal reisen und dort musizieren. Natürlich, wir haben Gyalzens 60. Geburtstag als Anlass, aber dennoch ist der Aufwand in den Augen der Einheimischen beträchtlich. Wir werden dafür belohnt, auch heute Abend wieder in dieser dunklen Sherpastube, die durch das warme Licht der Petromax erhellt wird. Gyalzen übersetzt locker sämtliche Fragen. Man spürt, dass es ihm gefällt, ein wenig im Rampenlicht zu stehen. Rundum strahlen-

de Gesichter, besonders als das „Resham Piriri“ erklingt. Wir trauen unseren Augen kaum, als sich aus der Gruppe ein Sherpa löst und dazu tanzt. Immer wieder klatschen die Einheimischen im Rhythmus in die Hände: „Resham Piriri, Resham Piriri.“ Ermutigt durch diese Tanzeinlage tritt plötzlich ein kleiner Junge hervor, der eine Art Querflöte dabei hat. Als wir unsere Instrumente schon verpackt haben, geht er her und spielt uns auf seine Weise das „Resham Piriri“. Andi filmt diese beeindruckende Szene und diesmal sind wir es, die eine Zugabe verlangen. Ganz beseelt von seinem unerwarteten Erfolg, beginnt er noch einmal: „Resham Piriri“:
Die meisten traditionellen Lieder in Nepal bestehen aus einer endlosen Serie von Strophe und Refrain. „Resham Piriri“ ist ein sehr bekanntes Volkslied. Die Fremden, die in die Schneeberge gehen, lauschen diesem Lied, das von den "Gandharvas" (eigentlich der Name für die himmlischen Musikanten), den traditionellen Musikern gespielt wird.
Zuerst beginnt der Mann zu singen:

Refrain:	Resham, lass uns fliegen, Resham, lass uns fliegen, hinauf zu den Bergen und dort uns niedersetzen. Resham, lass uns fliegen.
Erste Strophe:	Mit einer Kugel, einer zweiten Kugel wird auf den Muntjak-Hirsch gezielt. Keine Furcht, ich schieße nicht, ich rufe die große Liebe an.
Refrain:	Resham, lass uns fliegen...
Zweite Strophe:	So wie man den Hund 'kuti, kuti' ruft, die Katze 'suri', so rufe ich die tiefe Liebe an; ich warte an der Kreuzung des Weges auf Dich.
Refrain:	Resham, lass uns fliegen...

Danach singt das Mädchen:

Dritte Strophe:	Jeder will mich besitzen, aber ich liebe nur einen Mann.
Refrain:	Resham, lass uns fliegen...
Vierte Strophe:	Ich gehe in die Berge, um den Samen von Mais und Hirse zu pflanzen. Reis säe ich nicht.
Refrain:	Resham, lass uns fliegen...
Fünfte Strophe:	Also folge mir nicht nach, ich will dich nicht haben.
Refrain:	Resham, lass uns fliegen...

Es folgen drei weitere Gesänge des Mädchens, dann eine Strophe des Mannes, der davon spricht, dass er sterben will, falls sie nicht zu ihm an die Wegkreuzung komme. Das Mädchen trifft sich mit ihm, versteckt sich nicht mehr und will ihn schließlich doch auch lieben.

Auf Nepali liest sich das so:

Refrain:	Resham phiriri, Resham phiriri. Udeyra jaunki dandaa ma bhanjyang. Resham phiriri.
Erste Strophe:	Ek naley bunduk, dui nalek bunduk, mirga tai takey ko. Mirga lai mailey ko hoeina, maya lai dankey ko.
Refrain:	Resham phiriri, Resham phiriri...
Zweite Strophe:	Kukur lai kutti kutti, biralo lai suri. Dimro hamro maya priti dobato ma kuri.
Refrain:	Resham phiriri, Resham phiriri...
Dritte Strophe:	Saano ma sano gaiko bachho bhirai ma, Ram Ram. Chodreh jana sakena mailey, baru maya sanghai jaun.
Refrain:	Resham phiriri, Resham phiriri...

Vierte Strophe: Kodo charyo, makai charyo,
dhan chareko shaina.
Pachi, pachi na au Kanchi,
manpareko shaina.

Diplom-Sherpa E. Niethammer

Jochen „Erich" Abel

„Entweder du schaffst den Berg, oder der Berg schafft dich." (Diplom-Sherpa E. Niethammer)

Weisheiten aus dem Munde unseres Kameramannes Eberhard Niethammer sollten mich auch an diesem Tag aufs Höchste erfreuen.

Wie üblich um6 Uhr wecken. Frühstück. Die obligatorischen Puris mit Gselz (schwäbische Bezeichnung für Marmelade – wir waren ein mehrsprachiges Team), Tschia und natürlich eine erste Zigarette sollten uns für den Aufstieg stärken.

Wegen nicht geladener Akkus war heute an Filmaufnahmen mit der Videokamera nicht zu denken. Dipl.S.E.N. wandert deshalb ohne sein lässig über die Schulter geschwungenes Stativ, stattdessen mit einer Kameratasche – gekonnt nach Sherpa-Sitte – am Kopf befestigt. Alle sind startbereit und schon geht's wieder bergauf. Die Sonne scheint. Dipl.S.E.N. war nach seiner täglich wichtigsten Mahlzeit noch guter Dinge. Wir schauen durchs Fernrohr noch einmal zurück nach Bhandar. Die Französinnen, die seit gestern auf unserer Route sind, ziehen vorbei.

Erste Pause: Tschia. „Hot Showers" werden angepriesen – Bauernfängerei, weiß Dipl.S.E.N. und filmt mit digitaler Kleinkamera, den Riemen der Kameratasche um die Stirn längst vergessend, ein Fenster der Herberge. Plötzlich zieht er die Kamera nach oben in Richtung

Hausgiebel, verursacht dadurch ein Abrutschen des Tragegurts von der Stirn über Haupthaar gen Boden. Mit einer gekonnten Bewegung justiert er die Kameratasche jedoch wieder in Originalposition.
Weiter. Steil bergauf. Es wird merklich kühler. Ich begegne einem Engländer in kurzen Hosen, welcher von dem guten Essen in unserem Zielort Junbesi berichtet. Es gäbe eine Bäckerei dort. Ich gehe weiter und höre Vogelgezwitscher, in ungefähr 3100 m Höhe. Und für einen Augenblick sehe ich einen Affen beim Wechseln des Baumes. Gyalzen bestätigt mir, dass es in dieser Höhenlage noch zwei Arten von Affen gibt. Dipl.S.E.N. wird später sagen: ab 3000 m siehst du Affen. Ich komm ins Grübeln. Bin ich schon höhenkrank?
Wir kommen an rastenden Trägern vorbei. Einer von ihnen hat eine Last von etwa 100 kg in seinen Tragekorb geladen. Mit meinen erträglichen 15 kg auf dem Rücken gehe ich meiner Wege. Kurz vor der Überquerung der Passhöhe gibt's in einer schönen Herberge „Lunch“: Nudelsuppe und Tschia.
Es wird kälter und kälter – Graupelschauer. Endlich, der höchste Punkt unserer heutigen Etappe ist erreicht, geschmückt mit Gebetsfahnen. Wir werfen alle einen Stein und bedanken uns mit „soso“-Rufen für den gelungenen Aufstieg. Ab jetzt geht's bergab, steil bergab. Es beginnt zu schneien. Ich greife zum ersten Mal auf meine Stöcke zurück und komme nochmal auf die 100 kg schwere Last des Trägers zu sprechen. Dipl.S.E.N. erklärt: 100 kg hört sich schwer an, aber auf die richtige Technik beim Tragen kommt es an. Wir machen, auf 3000 m angelangt, nochmal 'nen Einkehrschwung und steigen dann vollends ab nach Junbesi. Der Schneefall geht langsam in Regen über, und kurz vor unserer Ankunft klart der Himmel auf.
Junbesi – ein größeres Dorf. Die Bäckerei ist leider geschlossen, es ist Samstag, „Sonntag“ in Nepal. Aus der Traum. Gyalzen führt uns zu einer von Tibetern betriebenen Unterkunft. Eine Gruppe Mönche nächtigt ebenfalls dort. Wir versammeln uns in der Küche, welche auch als Gaststube dient. Der Wirt hat Blechkübel, gefüllt mit Glut,

aufgestellt. Wir wärmen uns dran. Wieder aufgetaut, fangen wir an zu musizieren. Die Wirtsleut und einige Gäste aus der Nachbarschaft sind anwesend. Wir spielen heute ziemlich locker auf. Bei „Resham Piriri“ erreicht die Stimmung ihren Höhepunkt – es wird getanzt, bis zum Abwinken durch die Köchin: Essen fertig. Hernach sitzen wir noch gemütlich beisammen. Gyalzen hat sich zu einem der Mönche gesellt und unterhält sich mit ihm auf tibetisch.
Ich freu mich schon auf meinen Schlafsack.
„Weicheier haben große Taschentücher, da heulen sie nachts rein.“ (Diplom-Sherpa E. Niethammer)

Von Junbesi nach Nuntala

Matthias „Beeker“ Bauche

Wie jeden Morgen werden wir von Ang Gyalzen kurz nach sechs geweckt. Nachdem der Kälteschock beim Aufstehen überwunden und der Rucksack gepackt ist, treffen wir uns in der rußgeschwärzten Sherpaküche, die gleichzeitig auch Aufenthaltsraum ist. Den ganzen Tag hängt Rauch in der Küche und es duftet nach den Gewürzen, mit denen der Himalaya-typische Milchtee zubereitet wird. Ein paar Nepalesen begrüßen uns lächelnd. Die Morgenbesatzung der Lodge bringt uns Tibetan Bread mit Marmelade und Tee zum Frühstück. Während unsere fünf Träger ihre Körbe mit den Instrumenten packen, überprüft Gyalzen die Zimmer, ob niemand etwas vergessen hat. Bis wir vollends zum Abmarsch bereit sind, filmen Ebi und Andi noch die eine oder andere Szene. Kurz darauf versammeln wir uns mit geschulterten Rucksäcken vor der Lodge, dann geht es los in Richtung Solung.
Zuerst wandern wir auf einem mit großen, grauen Steinplatten ge-

pflasterten Weg, bis wir durch die bei den Buddhisten typischen Tschörten den Ort verlassen. In der Nähe steht ein weißer Stupa. Langsam entschwindet er unserem Blickfeld, während wir zwischen Terrassenfeldern hindurch in ein Tal abwärts steigen, in dem buntbemalte Wassermühlen stehen. Wir sind am Junbesi Khola. Auf einer waghalsig gebauten Hängebrücke überqueren wir ihn. Dichter Wald umgibt uns plötzlich und der Weiterweg führt steil bergan, hinauf auf ein Plateau. An Bauernhöfen und Dörfern vorbei erreichen wir einen Platz, von dem aus wir einen herrlichen Blick über Wiesen und Felder hinunter auf Phaplu mit seinem Flugplatz haben. Keine Wolke trübt heute den Himmel und macht das gestrige schlechte Wetter vergessen. Die warmen Sonnenstrahlen sind eine Wohltat. Auf einem ausgetretenen Pfad geht es flach dahin, keine Steigung, kein Abwärts. Wir alle sind gut drauf. Eine ganze Schar Schulkinder in blauen Uniformen kommt uns entgegen. Einige von ihnen betteln um Bonbons, von Charly bekommen sie ein paar Kaugummis.
Aus einer Biegung heraus kommen wir in das Dorf Solung, und zum ersten Mal sehen wir die Everest Range. Mir platzen fast die Augen. Es kribbelt, und ich bekomme nasse Hände. Vor uns erheben sich Everest, Lhotse und Nuptse, und unter dieser Bergkette soll unser Ziel Namche Bazar liegen.
Bei einem Tea-shop rasten wir, trinken Hot Lemon. Einige von uns fotografieren, Andi und Ebi filmen. Charly packt aus seinem Rucksack ein paar Farbfotos aus, eine Bekannte aus Garmisch-Partenkirchen hatte sie ihm mitgegeben und ihm den Ort beschrieben, wo er sie abgeben soll. Als die Lodgebesitzerin die Fotos mit ihrem Bild betrachtet, staunt sie nicht schlecht, vor allem freut sie sich darüber, dass in Deutschland ständig jemand an sie gedacht hatte.
Dann ist es Zeit zum Aufbruch in Richtung des Dorfes Ringmo, stets vor Augen den Bildausschnitt mit den Everestbergen. In Ringmo, das an einem herrlichen Bach liegt, machen wir Mittagspause. Ein paar von uns nehmen ein Bad, die anderen waschen einen Teil ihrer

schmutzigen Wäsche. Wir denken schon, dass unserem Kameramann Ebi etwas zugestoßen ist, doch er trifft dann auch noch ein und wir können endlich unsere Nudelsuppe essen.
Dazu gibt es wie immer genügend Milchtee oder Hot Lemon, danach geht es etwas träge weiter. Zuerst durchschreiten wir noch ein Tal, dann zieht sich ein steiler Pfad zum 3071 m hohen Pass Trakshindo La hinauf. Vorbei ist es nun mit dem gemütlichen Trekken. Unsere Unterhaltungen werden immer spärlicher und das letzte Stück Weg zum Pass hinauf höre ich nur noch meinen eigenen Atem. Endlich oben. Es ist empfindlich kühl und windig, und die Sonne dem Horizont schon nahe. Drüben am Pass müssen wir durch ein Tor, an dessen Innenseiten Gebetsmühlen befestigt sind. Jede einzelne bewegen wir, während sich unser Blick auf das gegenüberliegende gigantische Panorama des Khumbu-Himalaya richtet. Tibetische Mönche begegnen uns. „Tashi delek", grüßen sie. Dann geht es die ganzen Höhenmeter, die wir eben aufgestiegen waren, wieder hinunter. An einem Kloster und einigen Gehöften vorbei steigen wir zu den schon von weitem sichtbaren blauen Häusern von Nuntala ab. Als wir ankommen, ist es bereits dunkel. Ich will nur noch meinen Rucksack loswerden. Immer dicht hinter Gyalzen gehend bin ich dabei, als er endlich zu einer Lodge einbiegt, um dort ein Quartier für uns zu organisieren. Endlich frisch machen und Abendessen.
Natürlich gibt es wie so oft Dhal bhat, eine nepalesische Köstlichkeit aus nassem Reis, verdünnter Linsensuppe, mit scharfem Rettich und Mangold unmerklich gewürzt. Unwillkürlich beobachte ich beim Essen unseren Kameramann Ebi, wie er ungeniert auf einen Schrank schielt, in dem Würstchen in Dosen, Thunfisch und Päckchensuppen verstaut sind. Sein Magenknurren höre ich bis zu mir her.
Wie jeden Abend spielen wir auch heute auf. Neugierig betrachten die Einheimischen in der brechend vollen Stube unsere Instrumente. Sie reden viel. Während wir spielen ist es aber ehrfürchtig still. Und nach „Resham Piriri" wie immer: „One more, one more".

Am Dudh Khosi I

Obwohl uns der gestrige steile Abstieg vom Tragsindho-Pass hierher nach Nuntala noch mächtig in den Knochen steckt, kennt Gyalzen keine Gnade. Wie gewohnt ist er um viertel vor sechs auf den Beinen, um sich um unser Wohl zu sorgen. Warmer Milchtee und Tibetan Bread müssen um halb sieben für uns vorbereitet sein. Nur – heute würden wir alle gern etwas länger liegen bleiben. Aber die Strecke nach Bupsa wartet auf uns. Mitten in die Dunkelheit tönt hinein Gyalzens „Good morning, breakfast ready." Aus irgendeinem Lager dringt ungläubiges Stöhnen: „Was, so früh schon?"
Während unsere Tamang bereits ihre Lasten schultern, bezahlt Carolin bei der Lodgechefin, dann treten auch wir ins Freie. Alles Grün vor der Lodge ist mit dickem Reif überzogen. Uns fröstelt. Wir verlassen Nuntala, dieses schöne Dorf mit seinen sorgfältig angelegten und gepflasterten Wegen, seinen Steinmauern und seinen stattlichen Häusern.
Zuerst noch recht flach, dann immer steiler werdend zieht sich der Weg in das Tal des Dudh Khosi hinein. Das Wetter meint es wieder besser mit uns, ein fast wolkenloser Himmel, nur die Sonne lässt sich noch Zeit – der Winter ist nicht mehr weit.
Die heutige Strecke erinnert mich an das Tal des Likhu Khola: fruchtbar, malerisch ländlich. Im Dorf Phuleli rasten wir für eine Viertelstunde. Es ist eher ein Weiler als ein Dorf. Das besondere daran ist, dass hier nur Rai wohnen, freundliche Menschen, die sich wohlwollend um uns kümmern, uns Tee zubereiten und uns nebenher mit Nepali-Musik aus dem Transistorradio erfreuen. Rai-Frauen sind in Nepal diejenigen, die sich am prächtigsten schmücken. Ringe in den verschiedensten Ausführungen zieren ihre Ohrläppchen, und das Phuri genannte Schmuckstück soll die Nasenflügel verschönern. Das charakteristischste Schmuckteil aber ist das Bhulaki. Es verbindet beide Nasenlöcher durch einen Ring.

Die Rais

Ulrich Gruber

„Die Rais sind wie die Limbus ein mongolisch aussehendes Volk mit einer tibeto-burmesischen Sprache. Sofern sie ihrer überkommenen Lebensweise folgen, pflegen sie Bambuskultur. Die Gerätschaften und Gegenstände des täglichen Bedarfs werden soweit wie möglich aus diesem Material hergestellt: Körbe, Gefäße, Matten, Tabletts, Hocker, Bürsten, Kämme, Siebe und sogar Musikinstrumente. Ursprünglich waren die Häuser der Rais, vor allem am oberen Arun, Pfahlbauten, für die man ebenfalls Bambus als Baumaterial verwendete. Die Wände und die Plattform, die auf den Pfählen ruht, bestehen aus einem Bambusgeflecht, das mit Lehm verputzt wird; das Dach wird mit Bambusmatten und Stroh abgedeckt. Man erreicht die Wohnfläche über einfache Leitern aus Baumstämmen mit Trittkerben. Solche Pfahlhäuser werden allerdings immer seltener, da man sie zunehmend durch einfach zu bauende, rechteckige Steinbauten ersetzt. Die Außenwände der Gebäude sind zum Schmuck und zur Abwehr bedrohlicher Kräfte mit Ornamenten bemalt. Die Rais sind Bergbauern, die ihre Terrassenfelder vor allem mit Reis, aber auch mit Getreide, Mais, Hülsenfrüchten Buchweizen, Senf und Hirse bestellen; rings um die Behausungen gibt es Gärten mit Gemüse, Obst und Chilipflanzen. Kleidung wird aus Wolle und Baumwolle weitgehend selbst geschneidert. Alle Männer und Knaben ab zehn Jahren tragen im Gürteltuch den gebogenen Kukri. Die bäuerliche Subsistenzwirtschaft führt zu einer großen Unabhängigkeit dieser Bergbauern. Die Errungenschaften der heutigen Zeit, vor allen der Straßenbau, lassen allerdings in zunehmendem Maß die traditionellen Pfahlhäuser und die unabhängige, selbstversorgerische Lebensform verschwinden.
Die Religion der Rais ist wiederum eine Mischung aus Hinduismus, Buddhismus und Schamanentum, mit Schwerpunkt auf dem Ahnen- und Dämonenkult. In einer Ecke jedes Rai-Hauses hängt ein Ton-

topf, in dem der Hausgott, der Khamang, verehrt wird. Die Rais bilden ebenfalls Clane, die Thar genannt werden und jeweils ein ganzes Tal oder eine Gruppe von Dörfern einschließen. Diese größeren Einheiten bringen es mit sich, dass Ehen innerhalb des eigenen Thars üblich sind, sofern sie eine direkte Familienverwandtschaft ausschließen. Drei Heiratsformen führen zur Gründung einer neuen Familie: die durch die Eltern arrangierte Hochzeit, der in Übereinkunft beider Partner durchgeführte Brautraub mit anschließender Vermählung und die Liebesheirat eines Paares. Das Verhältnis zwischen unverheirateten Männern und Mädchen ist recht freizügig, und es gibt reichlich Gelegenheit, bei gemeinsamer Arbeit oder bei Festlichkeiten zueinanderzufinden. Kinder werden sehr geliebt; man kann oft sehen, dass ältere Brüder und Schwestern ihre jüngeren Geschwister den ganzen Tag mit sich herumschleppen. Ein ausgesprochenes Großfamiliensystem wie etwa bei den Tharus im Terai gibt es bei den Rais nicht; und jedes junge Paar hat das Bestreben, nach einigen Jahren des Zusammenlebens im Elternhaus seinen eigenen Hausstand zu gründen."

Am Dudh Khosi II

Je länger wir unterwegs sind, um so mehr sind wir bezaubert vom gesamten Trekking Jiri – Namche Bazar. Mehr und mehr blättern unsere zivilisatorischen Gewohnheiten von uns ab. Besonders beeindruckt uns die tiefe Liebe der Menschen, die Verbundenheit mit dem Stück Erde, auf dem sie leben. Ob es nun Kleidungsstücken stricken, Früchten trocknen, das Getreide verlesen, den Acker pflügen, das Korn dreschen – fast alle Tätigkeiten werden von Hand verrichtet. Die einzige Maschine, die wir heute zu sehen bekommen, ist eine alte

Nähmaschine. Ein betagter Inder sitzt im Schneidersitz am Wegrand und betätigt sie. Gerne hätte ich ihn fotografiert, doch vehement verneint er. Auf meine Frage antwortet er mir mit einem kategorischen „No“, und unterstreicht dieses noch mit einer abwehrenden Handbewegung.

Wir kommen dem Dudh Khosi immer näher, schon hören wir sein Rauschen aus der Tiefe. Da und dort plätschert ein Bach vom Tragshindo herunter. Ackerterrassen wechseln sich mit Rhododendronhainen ab, hie und da sind aber auch Kastanien, Stechpalmen und Eichen zu sehen. Hier in den tieferen Lagen wachsen auch wieder Bananenstauden zwischen den Behausungen der Einheimischen, ab und zu lässt sich ein Laubsänger oder eine Bül-Bül hören. Auf einem Feld ist eine Wasserbüffelkuh angepflockt, die ihr Junges abschleckt. In regelmäßigen Abständen kommen Träger vom Tragshindo herunter oder von Kharikhola herüber. Ihr Geplapper vermischt sich mit dem Rauschen eines nahen Wasserfalls.

An einer Bhatti, die voll in der Vormittagssonne steht, wärmen wir uns auf. Die Hängebrücke über den Dudh Khosi befindet sich in unmittelbarer Nähe. Wie bei jeder Teepause sind wir umringt von einer Schar Kinder: „Give me sweet“ hier und „What’s your name“ dort, und stets ist es die „big guitar“, die ihnen besonders gefällt. Obwohl die meisten Kinder im Himalaya armselig, zerlumpt und schmutzig aussehen – ihrem Charme und ihrer wilden Schönheit tut das keinen Abbruch.

„Dudh“ ist die Milch, „Khosi“ der Fluss. Auch heute wird der Himalayafluss seinem Namen gerecht und zeigt sich uns milchig trüb. Von der Hängebrücke haben wir einen imposanten Blick hinunter zu den Stromschnellen des tosenden Dudh Khosi. 70 Meter dürften es schon sein. Ich bleibe ein wenig zurück und kann, im Vordergrund die knorrigen Äste eines dürren Baumes, ein paar phantastische Gegenlichtaufnahmen von unseren Trägern auf der Brücke machen. Kaum setze ich meine Kamera ab, trabt von der gegenüberliegenden

Seite eine Maultierherde auf die Hängebrücke, Chiete kann mit seiner Last nicht rechtzeitig ausweichen, eines der Grautiere streift ihn und er fällt mit seiner 30 kg-Last hin. Nicht auszudenken, wie dieser Zwischenfall ohne das Geländer der Hängebrücke ausgegangen wäre. Glücklicherweise ist Malte in der Nähe und kann Chiete wieder auf die Beine helfen. Dieser grinst nur und ein „no problem" rollt ihm von den Lippen. Schade, dass unsere Tamangträger so gut wie kein Englisch sprechen.
Über einige steile Serpentinen zieht der Weg hinauf auf eine Ebene. Wir sind überwältigt von dem Panorama, das sich uns hier oben eröffnet. Links der Tiefblick zum Dudh Khosi – vor uns am Horizont einige Eisriesen des Khumbu Himal. Tiefblau spannt sich der Himmel über uns, und wir empfinden das Unterwegssein einmal mehr als Geschenk. In Jubing, einem kleinen malerischen Dorf umgeben von grünen Terrassenäckern, Maisfeldern, von riesigen Rhododendron und von hellbraunen Heuhaufen, gibt Gyalzen das Signal für die Mittagspause.
Ganz in der Nähe treffen wir wieder auf die beiden sympathischen Französinnen, die hier rasten. Seit Junbesi sind wir uns immer wieder begegnet. Sandrine, die jüngere der beiden, besitzt eine Modeboutique in St. Tropez und arbeitet nur jeweils ein halbes Jahr. Sonst ist sie meistens irgendwo in Asien unterwegs. Selbstständig zu sein, empfindet sie als ein großes Abenteuer. Christine kommt aus Annecy und ist Frisörin. Auch sie reist so oft wie möglich nach Asien, nimmt dafür stets unbezahlten Urlaub. Die beiden legen einen strammen Schritt vor. Kein Wunder, immerhin haben sie jüngst die Annapurna umrundet. Uns macht es Spaß, auch mal andere Leute zu treffen, seit Jiri sind wir nur acht Touristen begegnet.
Beeker hat mitbekommen, dass wir uns heute zur Abwechslung mit Dhal bhat stärken statt mit Nudelsuppe. Sofort nimmt er zwei Löffel und begleitet damit seine neueste Kreation: Den Dhal bhat-Blues. „Dhal bhat.... Dhal bhat". Andere rümpfen unmerklich die Nase.

Vielleicht hängt die beginnende Unzufriedenheit ja auch mit der Müdigkeit zusammen, die ich in dem einen oder anderen unrasierten Gesicht erkennen kann, außerdem höre ich Geraune von „einen Ruhetag einlegen".

Der Nachmittag wird bestimmt von einer weiteren, malerischen Wegstrecke. Treppenartig steigt der Weg an, hinein in kleine romantische Dörfer. Eine Gruppe von Frauen stellt an einem Brunnen ihre Wasserkrüge auf, andere hocken in Kniestellung vor ihren flachen Aluminiumschüsseln und waschen Kleider. Wieder andere nehmen die Kleiderstücke und legen sie auf einen von der Sonne aufgeheizten Stein. Eine lebhafte Unterhaltung ist im Gange. Märkte und Waschplätze haben hier als Kommunikationszentren eine große Bedeutung. Auffällig ist, dass so gut wie kein Mann irgendwelche Hausarbeiten erledigt. Die Rollen sind ganz klar verteilt: Die Frau versorgt Haus und Hof, der Mann ist meist als Träger unterwegs.

Der Weg wird ein wenig flacher, in einem weiten Bogen führt er durch hellgrüne, weite Reisterrassen. Khari Khola, das nächste Dorf, hat sich in den letzten Jahren stark verändert. Jede Menge Lodges mit allen möglichen Fantasienamen und Bhattis haben es enorm vergrößert. Meist sind die Fenster und Türstöcke der Häuser hellblau gestrichen, aber auch die Farben Gelb und Grün werden mitunter verwendet. Der Weg durch das Dorf ist gepflastert, und da und dort gibt es einen Gemischtwarenladen. In ganz Nepal verbreitet ist das Open-Air-Billard, genannt „Caroun". Ein vierfüßiger Holztisch trägt eine quadratische Holzplatte. In jeder Ecke der Platte befindet sich eine runde Öffnung. Mit mehr oder weniger Geschicklichkeit schnippen die Mitspieler mit Mittelfinger und Daumen die blauen und weißen Steine dort hinein.

Sherpa Gyalzen ist gerade in meiner Nähe und macht mich auf drei Menschen aufmerksam, die von Bupsa herunterkommen. Gyalzen grüßt die drei mit „Tashi delek." – „Tashi delek", antworten sie ebenfalls mit einem ansteckenden Lachen. Aus dunkelhäutigen, langen

Gesichtern strahlen große Zähne, und extrem schmale Augen lassen darauf schließen, dass die drei Männer aus dem Innern Asiens kommen. An ihren roten Bändern, die sie durch ihre schwarzglänzenden Haare geflochten haben, und an ihren bunten Gewändern erkenne ich, dass es Tibeter sind. Sherpa Gyalzen, der tibetischen Sprache mächtig, unterhält sich kurz mit ihnen. Nachher erzählt er mir, dass die drei als Pilger vom Nang Pa La heruntergekommen und auf dem Weg zur Gompa Thupten Chöling bei Junbesi sind. Leichtfüßig entschwinden die Tibeter unserem Blick. Wir nehmen die letzten zwei Stunden unseres Trekkingtages in Angriff. Es werden zwei Stunden, die es in sich haben.
Mein Blick geht nach oben, dorthin wo die hellbraune Linie unseres Aufstiegswegs verschwindet. Ich traue meinen Augen nicht recht: „Das muss doch Carolin sein mit dem weißen Pullover." Nach dem Motto „auf die Zähne beißen und es hinter sich bringen" hat sie den markanten Stich, der noch vor mir liegt, bereits erklommen. Die Nichtbergsteiger in unserem Kreis genießen meine echte Bewunderung. Wir anderen am Ende der Gruppe – die Tamangträger, Gyalzen, Malte und ich – erreichen nach einer halben Stunde ein von unten nicht einsehbares Plateau. Zwar sind wir völlig verschwitzt, aber noch lange nicht erschöpft. Andi, unser Konditionswunder, ist längst als Erster oben und kann so mit seiner Filmkamera in aller Ruhe die Nachfolgenden in voller Aktion aufnehmen. Immer wieder ist es ein gutes Gefühl, wenn sowohl die Träger als auch der Freundeskreis sich wieder an einem Platz versammeln, man sich Anerkennung aussprechen oder andere Gefühle mitteilen kann.
Bupsa liegt auf einer weiteren kleinen Plattform. Auch dort bietet sich ein Panorama, wie es schöner nicht sein könnte. Im Süden die Häuser von Kharikhola und das Tal des Dudh Khosi, im Westen die Berge um den Tragshindo-Pass und im Norden zeigen sich am Horizont einige Eisriesen des Khumbu.
Wie an vielen Lodges, so gibt es auch hier oben eine Tafel, auf der

„Hot Shower“ zu lesen ist. Gelesen, getan. Auch wenn das Wasser kalt ist, eine Erfrischung und eine Säuberung tun allemal gut. Ein paar Australier nächtigen ebenfalls hier in der Lodge, sie sind neben ein paar Einheimischen dankbare Zuhörer, die über dem Tal des Dudh Khosi in der Stunde vor der Dämmerung unseren Weisen lauschen. Ähnlich wie in Bhandar haben auch heute nur wenige Bewohner Lust und Zeit für Musik. Dennoch spüren wir auch hier, dass wir gerne gesehen sind und dass unsere Instrumente, den allgegenwärtigen Gebetsfahnen gleich, die nepalesischen Lieder in den Äther hinaustragen.

Ein erholsamer Tag

„Good morning, everybody.“ Gyalzen, das Uhrwerk, ist schon wieder auf der Matte. „It's not so long today, but the side to Dudh Khosi sometimes a little bit steep. Be carefull, please“, erklärt er uns lächelnd die heutige Strecke von Bupsa nach Surkhe. Immer wieder muntert uns Gyalzen auf, an ihm nehmen wir uns ein Beispiel, wenn wir noch etwas müde aus der Wäsche schauen. Gestern Abend war ein weiteres Mal das Wort „Ruhetag“ gefallen. Heute Morgen, als wir in Gyalzens optimistisches Gesicht blicken, ist das kein Thema mehr. Nach den ersten Kilometern sind wir wieder munter.

Schon gestern hatten uns schmächtige Männer mit verwegenen Gesichtern überholt. Ihre Lasten waren schwere Fleischviertel von geschlachteten Yaks und die dazugehörenden Häute. Während wir am Weg kurz rasten, kommen sie erneut an uns vorbei. An ihren Gesichtern ist deutlich abzulesen, wie hart diese Arbeit ist. Vor allem diejenigen, die die Häute in viereckigen, aus Baustahlgewebe hergestellten Körben tragen, schleppen sich halb zu Tode. Vor Anstrengung bewegen sich ständig ihre Münder. Gyalzen erklärt uns, dass die Männer zum Samstagsmarkt nach Namche Bazar unterwegs sind. Er lässt uns wissen, dass diese Leute Hindus und Kastenlose, sogenannte Unberührbare, sind. Die vergangene Nacht haben sie wahrscheinlich irgendwo im Freien verbracht.

Die Hindus sind traditionell in vier Hauptkasten unterteilt, die sich wiederum in etwa zwei- bis dreitausend Unterkasten aufgliedern. Brahmanen – Priester und Schriftgelehrte – gelten als „Kopf" der Hindugesellschaft und sind somit Kaste Nummer eins. Dann folgen die Kshatriya – Krieger, Soldaten, als nächste Kaste kommen die Vaishya – Kaufleute und Bauern, als unterste Kaste die Shudra – Arbeiter. Die Kastenlosen befinden sich als sogenannte Unberührbare auf der untersten Stufe der Hauptkasten. Unberührbar zu sein, bedeutete ursprünglich ein Leben ohne Rechte, ein Leben im Schatten der Gesellschaft. Das Leben eines Unberührbaren war weniger wert als das einer heiligen Kuh, es konnte nicht noch mehr verunreinigt werden. Nicht durch das Bearbeiten von Tierfellen, das Verbrennen von Leichen, auch nicht durch das Reinigen von Toiletten und Straßen. Selbst der Schatten eines Unberührbaren konnte einen Höherstehenden verunreinigen. Mahatma Gandhi war es schließlich, der diese unmenschlichen sozialen Unterschiede innerhalb der Hindukasten anprangerte und den Unberührbaren zu mehr Rechten verholfen hatte.

Während wir den Fleischträgern nachdenklich hinterher blicken, verschluckt der dunkle Rhododendronwald ihre Gestalten. Kurze Zeit später befinden auch wir uns im tiefen urwaldähnlichen Forst. Kein Sonnenstrahl dringt durch das Blätterdach. Hemlock- und Weißtannen, von riesigen Bartflechten behangen, Bambusstauden, Stechpalmen und Ahorne vereinigen sich hier zu einem einzigen schwarz-grünen Dickicht, in moosigen Geröllrinnen plätschern Bergbäche. Plötzlich zieht ein steiler Aufstieg aus einer scharfen Biegung heraus, hinauf zu einer Lichtung. Von unten sieht es aus, als führe eine Röhre

mitten ins Himmelsdach hinein, als stünde dort oben eine überdimensionale Leinwand, davor eine Maultierherde oder eine Gruppe von Trägern als lebendiger Scherenschnitt. Oben an der Lichtung begegnen wir jungen Frauen in langen bunten Gewändern. Sie sind gerade dabei, ihre Dokos mit dürrem Laub aufzufüllen, das sie in mehreren Haufen zusammengetragen haben. „Namaste", grüßt Gyalzen seine Landsleute, in der Sherpasprache wechseln sie kurz ein paar Worte miteinander. Dann heben sie lachend ihre Körbe auf die Rücken, legen die Trageriemen über die Stirn und laufen tippelnd zu einem nahen Gehöft. Wir schauen den Sherpanis nach, von denen nur noch die Beine unter den großen Tragekörben hervorschauen. Auf dem großen freien Platz wachsen nur ein paar Stauden und hellbraune Grasbüschel, unregelmäßig verteilt liegen Felsbrocken herum. Hier lässt's sich gut sein. Wir geniesen die frühe Nachmittagssonne. Nach Surkhe sind es noch etwa zwei Stunden.
Unsere beiden Kameramänner Andi und Ebi beginnen ein wenig mit unseren tüchtigen Trägern Chiete, Asman, Harka, Manpuri und Pemba zu arbeiten, sie zu filmen und zu interviewen. Sie rennen dabei offene Türen ein. Erstens ist es eine willkommene Pause und zweitens sind sowohl die Sherpa als auch die Tamang stolz darauf, für eine Stunde im Mittelpunkt zu stehen, gefilmt zu werden und Aufmerksamkeit zu spüren. Die Tamangträger müssen aber erst eine Auflage erfüllen. Jeder von ihnen soll ein kleines Lied singen. Etwas verlegen reagieren sie auf diesen Wunsch, dennoch grübelt jeder über einen Text nach. Um die Lieder zu verstehen, übersetzt Gyalzen die Texte und macht den Tamang Vorschläge, welches der vielen Trägerlieder er gerne hören würde. Heute noch summt Gyalzen zu jeglicher Arbeit eines der unzähligen Sherpalieder.
Unsere Unterhaltungen mit den Trägern führen wir über den Gesichtsausdruck und die wenigen Nepal-Worte, die wir können. Ihre Englischkenntnisse sind nicht viel besser. Informative Gespräche muss Gyalzen übersetzen. Zum Beispiel, wo sie wohnen, ob sie Fami-

lie haben oder wie sie sich ihre Zukunft vorstellen. Wir Europäer sind neugierig auf diese Lebensgeschichten. Zum einen weil die Träger ein völlig anderes, für uns so spartanisches, exotisches Leben führen – zum anderen, weil ihre Lebensumstände einen Gegenpol zu unserem Dasein darstellen. Wir, im Überfluss der westlichen Wohlstandsgesellschaft zu Hause, sind oft aus unerfindlichen Gründen unzufrieden. Da kann es helfen, sich die Lebensweise solch einfacher Leute zu vergegenwärtigen.

Der jüngste beginnt, Chiete also. Andi hält ihm das Mikrofon hin, und Ebi filmt mit seiner Canonkamera. Zuerst erzählt Chiete etwas aus seinem Leben: wie alt er ist, wo er herkommt, von Vater und Mutter, von Geschwistern und von seiner Arbeit als Träger. Am Ende seiner Ausführungen beginnt er zu singen. Ein Liebeslied ist es, was er da trällert. Dabei muss er so sehr lachen, dass seine sonst schon schmalen Augen kaum mehr zu sehen sind. Dann ist es um sein Lied auch schon geschehen, Chietes hohe Stimme kommt ins Schlingern, zum Schluss verschluckt er alle Töne. Wir halten uns die Bäuche vor Lachen. Nun ist Manpuri, der Nächstältere, dran. Ihm geht es natürlich keinen Deut besser. Und auch Harka, Asman, Pemba machen es danach nicht besser. Dennoch klatschen wir vor Begeisterung in die Hände. Ein kurzweiliger Tag. Andi und Ebi sind mit ihren Aufnahmen zufrieden.

Durch die Interview-Einlage sind wir zeitlich ein wenig in Verzug geraten. Schon nähert sich die Sonne den Bergkämmen der gegenüberliegenden Talseite. Immer wieder begegnen uns schwer beladene Dzos, die sich bereits lange vorher durch helles Glockengeläut ankündigen. Der Pfad führt jetzt ungemein steil und ausgesetzt zu ein paar Häusern hinauf, dafür bietet sich aber von dort ein phantastische Blick auf die gewaltigen Eisberge des Himalaya. Die weißen Gipfel des Kongde Ri und des Gyachungkang scheinen so nah, und doch würde es tagelang dauern, an ihren Fuß zu wandern. Von einem kleinen Plateau aus erkennen wir die ersten Häuser von Surkhe.

Bildteil 3 - Von Kathmandu nach Nuntala

Unterwegs mit Hackbrett und Kontrabass.

oben Früh übt sich.
rechts Eine junge Sherpani mit ihrem Sprößling.

oben Ankunft in Shivalaya.
links Auf dem Weg nach Shivalaya.

Wo immer wir auftauchen, umringen uns neugierige Kinder.

Schneetreiben am Lamjura Banjang.

Der schmale Flusslauf des Surkhe Khola glitzert im letzten Sonnenlicht. Immer wieder säumen die typischen Steinmauern den Wegrand. Wo der Weg sich noch einmal zu einem Pfad verjüngt, wachsen Glockenblumen und Astern. Die farbigen Dächer von Surkhe sind matt, die Sonne hat sich verzogen. Eine Holzbrücke begrüßt uns am Ortseingang und gleich rechts in einem Hof leistet ein schwarzes Schwein einigen Hühnern Gesellschaft. Kinder umringen uns.
Surkhe, ein winziges gemütliches Dorf. Die Farbe Gelb scheint hier die Lieblingsfarbe zu sein. Balkone, Stühle, Bänke, Fensterstöcke und Türen, alles ist mit einem eigenwilligen Gelb bemalt. Einheimische sind dabei, ein Dach auszubessern. Andi und Tsewang, die die Akkus der Filmkameras aufladen wollen, sind weiter gezogen, nach Lukla. Wir anderen entledigen uns unserer Rucksäcke und zwängen unsere Lasten in die gemütlich warme Lodge hinein – „Namaste."
Nur eine Petromax erhellt die dunkle Küche, mit der Taschenlampe suchen wir unsere einfachen Lager. Endlich gibt es zur Abwechslung mal wieder Kartoffeln mit Gemüse, dazu ein paar Flaschen Bier, um den Durst zu löschen. Carolin, Ebi, Beeker und Erich spielen Skat, während Malte, Simon, Gyalzen und ich mit den Trägern Memory spielen. Mein Freund Ralf hat es eigens zu Gyalzens 60. Geburtstag, mit Fotos vom Hüttenleben im Wetterstein, angefertigt. Die beste Unterhaltung nach einem Tag Trekking. Zum Musizieren hat heute ausnahmsweise keiner Lust. Morgen wieder, in Monju.

Die Spannung wächst

Vom Tibetan Bread, das als ziemlich dicker Pfannkuchen gebacken wird, sind wir auf Tschapati umgestiegen. Tschapati-Teig, unserem Pfannkuchenteig ganz ähnlich, nur ohne Salz, wird ganz dünn in

einer Pfanne über dem Feuer herausgebacken. Fett wird nur ganz wenig verwendet – es ist zu kostbar dafür. So entsteht ein runder, dünner Fladen, der bei weitem nicht so ein Völlegefühl hinterlässt wie das dreimal so dicke Tibetan Bread. Wir stärken uns für die heutige Strecke nach Monyu. Und morgen, wir können es kaum glauben, werden wir dann schon in Namche Bazar sein.
Wir verlassen Surkhe über ein paar Steintreppen, in einer Wegbiegung verschwinden die letzten Häuser des Ortes aus unserem Blickfeld. Unsere Träger sind seit einer halben Stunde unterwegs. Eine steile Passage gleich außerhalb von Surkhe verlangt ihnen alles ab, auch wir kommen hier ganz schön ins Schwitzen. Von oben kommt uns schon in aller Frühe eine Dzo-Kolonne entgegen. Das helle Gebimmel ihrer Glocken klingt in unseren Ohren wie Musik. Glocken, die aus Tibet stammen, klingen meist kräftiger, da sie aus besserem Material gefertigt sind als etwa Yakglocken, wie sie auf dem Markt oder in Kathmandu als Souvenir verkauft werden. Als vergliche man den Gesang einer Meise mit dem einer Nachtigall. Das gemütliche Läuten der Glocken, das Trappeln der Hufe, die scharfen Pfiffe der Treiber und vereinzelt die Stimmen der Tiere vermischen sich zu einer rhythmischen Melodie.
Obwohl unsere Rucksäcke nicht so sonderlich schwer sind, drücken die Riemen gewaltig auf die Schulterpartien. Doch inzwischen kennen wir das Rezept gegen die vermeintliche Pein: Einen kurzen Blick auf die Lasten unserer Träger. Am Ende der Steigung warten die vorderen unserer Gruppe auf uns: Simon, Carolin, Beeker und die Träger. Ein paar Lehmhäuser stehen hier oben am Rande eines mit Steinen ausgelegten Aussichtspunktes. Unter uns breitet sich der Dunst des Dudh Khosi-Tals aus. Dort von Süden her müssen die Kleinflugzeuge aus Kathmandu kommen. Lange kann es nicht mehr dauern, bis das erste auftaucht und auf der steinigen Piste von Lukla landet. Andi und Tsewang werden von dort schon aufgebrochen sein, in der Ortschaft Ghat wollen wir uns zum Mittagessen treffen.

Zahlreiche Mani-Mauern säumen den Weg, und sobald ein kleiner Fluss den Berg herunterplätschert, ist meist eine hölzerne, bemalte Gebetsmühle installiert. Verrostete Mühlenachsen quietschen im Wasserlauf, als wollten sie einen einfachen Monolog für uns halten: „Halt ein, Freund, meditiere." Aber auch das Flattern der Gebetsfahnen, die Steintafeln der Manis oder das Drehen der Gebetsmühlen, die in den Mauern befestigt sind, fordern uns auf innezuhalten. Gerade diese allgegenwärtige, gelebte Religiosität gibt jenes Gefühl, das die Besucher von Nepal – ohne es rational erklären zu können – mit nach Hause nehmen, in ihren Alltag.
Lukla muss jetzt über uns liegen. Dass es nicht mehr weit sein kann, beweist uns das erste kleine Flugzeug, das plötzlich das Tal heraufkommt, es mit Dröhnen erfüllt und sich nun auf die Landung vorbereitet. Von den Piloten werden bei diesen Landemanövern Meisterleistungen erbracht. Noch während wir, die Hand über die Augen haltend, in den Himmel schauen, erscheint eine weitere Maschine über uns und bringt an diesem Morgen den zweiten Pulk Touristen ins Khumbu-Gebiet. Ab jetzt werden wir mehr Menschen begegnen, die bisherige Stille unseres Trekkings hat ein Ende. Besondere Tage waren es, Tage und Stunden, die wir vielleicht erst in ein paar Jahren richtig einschätzen werden können. Soviel ist aber jetzt schon zu sagen: Unsere Erwartungen sind bei weitem übertroffen worden.
In Chaunrikharka treffen sich die Wege von Jiri und Lukla. Hier, in der Nähe des Flugplatzes, bemerken wir Zeichen von Wohlstand. Die Häuser sind sauber herausgeputzt, stabiler gebaut, die Fenster genauer eingepasst, die Wände bemalt, die Türstöcke allesamt farbig gestrichen. Da und dort sind Lodges aufgestockt, manche Terrasse ist in eine Art Wintergarten verwandelt. Und was uns besonders auffällt, ist die westliche Kleidung, die viele Einheimische tragen. Sei es ein Trainingsanzug, eine Jeanshose oder ein Fleece-Pullover von „Patagonia". Verständlicherweise möchten möglichst viele Nepalesen am Wohlstand teilhaben, den der Touristenstrom mit sich bringt. Nicht

umsonst siedeln hier neben den Sherpas auch Rai, Tamang und Magar. Lodges und Teehäuser sind neben Ackerbau und Viehzucht zur Haupteinnahmequelle geworden.
Seit dem Wintereinbruch in Junbesi hat es kein schlechtes Wetter mehr gegeben. So ist uns auch heute wieder ein sonniger Tag vergönnt. Dafür müssen wir mehr trinken, und so stellen wir unsere Lasten öfter an einer Bhatti ab. Gyalzen ist wie immer um uns besorgt: „Tschia pinne manbartsaong. Wir wollen Tee trinken gehen." Hot Lemon oder Ingwertee als Alternative. Besonders Ingwertee ist gut gegen Reizhusten. Gemütlich sitzen wir auf Plastikstühlen – auch dies eine westliche Errungenschaft – und plaudern mit unseren Trägern über die gestrigen Lieder, was diese gleich wieder zum lachen bringt. Besonders Chiete hat ein warmes, sonniges Lachen. Aus meinem Sprachführer stottere ich die Worte: „Mo Nepal manbartsu, mansche haarn ramrotsa. Ich mag Nepal, weil die Menschen freundlich sind." Wieder lacht die ganze Runde. Wir sind so aufgekratzt, dass wir am liebsten gleich an Ort und Stelle ein Konzert veranstalten würden. Doch das lässt sich zeitlich nicht machen, weil Andi und Tsewang in Ghat warten. Jeder der Träger qualmt noch eine Camel, dann ist höchste Zeit, wieder aufzubrechen.
Hier, auf dem Trek von Lukla nach Namche Bazar, reiht sich ein malerischer Ort an den anderen: Chapling, Kyomma, Chumlo – alles belebte Dörfer mit einem großteils gepflasterten Hauptweg. Der Trek steigt oder fällt kaum, und fast schwerelos wandern wir dahin, entlang der Flusslandschaft des Dudh Khosi, vorbei an Gemüsefeldern. An den Talseiten steigen bewaldete Hänge bis auf über viertausend Meter, dahinter verbergen sich die höchsten Berge der Welt. Ziegen und Schafe kreuzen unseren Weg, Einheimische treiben eine Maultierherde über eine Brücke. Rechts oben ist ein ganzes Feld mit Gebetsfahnen in lustiger Bewegung. Immer wieder begegnen wir Japanern, Australiern, Amerikanern, Franzosen, Italienern. Alles ist unterwegs. Mit Sack und Pack, mit Koch und Trägern.

Manchmal werden wir gefragt, wo wir herkommen, und was wir vorhaben mit unseren Instrumenten. Besonders „the big guitar“ sticht Fremden ins Auge. Wir sind schon so auf unsere Antworten getrimmt, dass andere Gespräche kaum entstehen. Dieser vorgefertigten Antworten bedienen sich natürlich alle Trekker. Bei uns kommt noch hinzu, dass wir eine große, geschlossene Gruppe sind, die sich manchmal selbst genügt. Nur unter uns besprechen wir manchen Eindruck. Wenn zum Beispiel ein Träger über die Maßen viel trägt, wenn eine lustige Kindergruppe uns Fragen stellt oder wenn wir über die Armut schockiert sind und wenn uns das schlechte Gewissen überfällt, weil wir zu Hause im Überfluss leben.
Pünktlich erreichen wir Ghat. Andi und Tsewang sind schon längere Zeit da. In der regelrecht nobel wirkenden Ortsmitte von Ghat wollen wir essen. Gyalzen aber meint, dieser Platz wäre seines Erachtens nach zu teuer. Er wisse ein besseres Lokal gleich hier in der Nähe. Es muss wohl ein guter Bekannter von Gyalzen sein, der hier am Ortsausgang seine Lodge hat. Wie dieser auf den Namen „Yellow Lodge“ kam haben wir vor zu fragen, aber wie bei manch anderem Haus in Surkhe sind auch hier alle Holzrahmen mit gelber Ölfarbe bemalt. Die „Yellow Lodge“ befindet sich direkt am Haupttrek nach Namche Bazar. Sherpafrauen kommen schwatzend vorbei, ein Hirte treibt ein paar Schafe vor sich her, wieder ein anderer Einheimischer hat in seinem Bambuskorb Mandarinen, das Stück für fünf Rupien – der richtige Nachtisch zu unserer Nudelsuppe. Von unten herauf kommt eine Herde still vor sich hintrottender schwarzer Dzos, schwer beladen mit Waren für den Wochenmarkt in Namche Bazar. Aus der anderen Richtung Touristen, die ihr Trekking im Khumbu-Gebiet schon hinter sich haben. Müde, aber doch auch glücklich kommen sie von Namche Bazar herunter.
Phakding, unmittelbar am Dudh Khosi gelegen, ist vor Namche Bazar der Rastplatz für Expeditionen. Vermutlich weil es auf halbem Wege nach Namche liegt. Außerdem gibt es hier einen großen Platz,

auf dem eine Zeltstadt aufgebaut werden kann. So gut wie jede Großexpedition hat hier schon gerastet. Trekker, die in Lukla starten und hierher kommen, bewundern vor allem die herrliche Hängebrücke über den Fluss. Vor ein paar Jahren ist die alte durch eine moderne ersetzt worden. Auch wir bestaunen das phantastische Bauwerk, das vor allem für unsere Filmer Andi und Ebi mit seinen Streben und Pfeilern einen beeindruckenden Hintergrund bereithält. Beladene Maultiere und Dzos sind nicht selten nur mit äußerster Geduld über einen so schmalen Steg zu bringen. Immer weiter dringen wir ins Sherpaland vor, immer zahlreicher werden die buddhistischen Symbole: gemeißelte Steinplatten, Granitblöcke, Mani-Mauern und Gebetsfahnen. Je höher wir steigen, desto seltener werden die steinbeschwerten Bambusdächer der Häuser. Die Dächer sind nun geschindelt, Steine dienen nur noch zur Sicherung.
Schon neigt sich der Nachmittag dem Ende zu, die Sonne ist hinter den Berghängen oberhalb Phakdings verschwunden. Es wird empfindlich kalt. Wir wandern nun westlich des Dudh Khosi in Richtung Benkar, Chumoa, Monju. Nur vereinzelt ein paar alte Hütten, Kinder spielen kreischend in einem Hof und ein altes Pärchen schaut zu einem Fenster heraus. Ein Kilometer nach Chumoa, dann endlich die ersten Häuser von Monju. Das gesamte Dorf scheint schon dunkel zu sein. Lange waren wir heute unterwegs. Erich, Ebi, Carolin, Simon und Beeker schmecken die Zigaretten trotzdem, unseren Trägern sowieso. Das erfüllt mich mit Freude, weil es mir zeigt, dass keiner unserer Gruppe ernsthaft krank ist.
Durch eine kleine Türe müssen wir uns mit den Lasten in die Lodge zwängen. Wieder und wieder sträubt sich der Kontrabass dagegen. Gerade hörten wir noch das Rauschen des Dudh Khosi, jetzt umfängt uns heiteres und wärmendes Hausleben. Rasch zeigt uns die Hausherrin unser Nachtlager und die einfache Dusche hinten im Hof. Gyalzen ist wieder einmal der gefragte Mann, er kennt ja sowieso jedermann hier.

„What do you like to eat?“, fragt uns seine warme Stimme, „Potatoes with vegetables or noodlesoup with egg?“ Einstimmig erklären wir, dass Potatoes unser heutiges Mahl sein sollen.
„Okay“, meint Gyalzen mit einem Nicken. „Potatoes needs a little more time for cooking. So you can play music before. What do you think about it?“ – „Good, then we play now“, erklärt unser Musikmeister Erich.
Unsere heutige Lodge ist geräumiger als die letzten drei, vor allem das Wohnzimmer der Sherpas, das groß ist und durch die vielen geknüpften Teppiche, die an den Wänden und auf den Sitzbänken befestigt sind, Behaglichkeit ausstrahlt. Ein Kanonenofen in der Mitte sorgt für äußerliche Wärme. Die Einheimischen, die sich jeden freien Platz in der Sherpastube ergattert haben, verbreiten heitere Zwanglosigkeit. Längst hat es sich herumgesprochen, dass heute Abend in der Lodge Musiker aus Germany aufspielen. Was für ein farbenfrohes Bild, was für eine heitere Runde hat sich hier im Schein einiger Glühlampen und Petromaxleuchten versammelt! Alle hocken vor ihrem dampfenden Tschia, erwartungsvoll zwängen sich einige Kinder zwischen die Erwachsenen. Sherpa Gyalzen ist wieder einmal sichtbar stolz. Unweit seiner Heimat kann er den Einheimischen seine Freunde aus Deutschland vorstellen. Zum x-ten Mal erzählt er, wie es zu unserer Musikreise nach Nepal kam, zum neunten Male erklärt er nun schon die Musikstücke.
Glücklicherweise hat sich mein Hackbrett nicht verstimmt. Da Erichs Akkordeon das zentrale Musikinstrument ist, müssen alle nach diesem gestimmt sein. Ein Hackbrett zu stimmen, wenn alle darauf warten, ist stressig und langwierig, denn es dauert gute zwanzig Minuten, die 100 Saiten aufeinander abzustimmen. Erich gibt das Zeichen. „In der Schanz“, eines unserer Stücke aus Salzburg, eine beschwingte, gut ins Ohr gehende 2/4-Polka mit zwei Mollpassagen, eine herrliche Tonfolge. Schon während der ersten Takte spüren wir es alle. Der Geist von Sete ist wieder da. Der Kontrabass von Carolin, Beekers

Schlagzeug, die Gitarren von Malte und Simon, Erichs Akkordeon und mein Hackbrett spielen wie aus einem Guss. Gyalzen fordert die Sherparunde zum Beifall auf, weil er inzwischen weiß, das dies für uns wichtige Stimulanz ist. Lachen, Stimmengewirr und in die Hände klatschen, die ganze Sherpastube ist ausgelassen. Ohne Pause beginnen wir auch schon mit unserem zweiten Stück, dem „Schönauer Bayrischen". Das Solo von Erich im dritten Teil kommt gut, und treffsicher kann ich danach wieder einstimmen. Perfekt beenden wir das Stück gemeinsam, und sogleich brandet Beifall auf. Der Funke ist übergesprungen. Ausführlich erklärt Gyalzen die Stücke – als wäre er zum Conférencier geboren. „One more", teilt er uns mit und zugleich mahnt er seine einheimischen Freunde, leise zu sein, um ja keinen Ton zu überhören. Noch zwei schneidige bayrische Stücke, dann kündigt Gyalzen „Resham Piriri" an. Simon und Malte haben zwischenzeitlich die Kapodaster auf ihre Gitarren gespannt, As-Dur kann nun einfach wie G-Dur gespielt werden. Und Carolin hat ihr Tenorhorn-Mundstück befeuchtet, um die Töne sicher zu treffen. Spannung – Erich – eins und zwei und ... Ton. In dem Moment, als der Text des Liedes erstmals gesungen werden kann, stimmen die ersten Einheimischen ein, zum Schluss singt die ganze Stube: „Resham Piriri, Resham Piriri..."

Wir alle sind derart berauscht von diesem einmaligen Erlebnis, dass wir die Szenen erst gar nicht richtig wahrnehmen. Erst nach und nach wird uns bewusst, was für einmalige Stunden wir in der Lodge in Monju im Khumbu-Himal erlebt haben. Erst später, in der distanzierteren Rückschau werden wir merken, dass dieser Abend der Höhepunkt des gesamten Musiktrekkings war.

Aber zurück in die Sherpastube. Ganz im Gegensatz zu „Resham Piriri" ist Nepali-Lied Zwei ein tiefmelancholisches, ja fast trauriges Stück. Wir haben keinen Text davon, aber vielleicht geht es um eine verlorene Liebe oder gar um einen verstorbenen Freund. Doch gerade ein so ernstes Stück, mit seinen eindringlichen Molltönen, ist als

Gegenpol zu den anderen Liedern enorm wichtig. Die Zuhörer sind sichtlich betroffen von dieser schmerzlichen Weise. Um so heiterer wird es dann wieder im dritten nepalesischen Lied: Ein beschwingtes 4/4-Stück mit einigen Soloeinlagen. Gott sei Dank treffe ich heute beim Hackbrettsolo die Saiten. Zu Beginn des Trekkings hatte ich noch manches Mal in die besorgte Miene von Erich geblickt. Aller Anfang war schwer. Noch während wir weiter musizieren, mischen sich Essensdüfte unter die Rauchschwaden und das Klappern von Geschirr und Alutöpfen ist aus der Küche zu hören. Es gilt, langsam an das Ende unseres Monju-Konzertes zu denken. Erich, Carolin und Beeker bringen noch zwei, drei Stücke aus dem Repertoire ihrer Stuttgarter Band zum besten, dann werden aber schon Stimmen laut: „One more Resham Piriri."
„Okay, last one", erklärt Erich mit seiner unnachahmlichen Lässigkeit.

Von Monju nach Namche Bazar

Malte Jochmann

Zusammen mit meinem Bruder Arno bin ich in unserer neuen Wohnung in München. Mein Stockbett steht auf dem Balkon des Hochhauses, ein Dach schützt mich vor dem herabfallenden Ruß. Die Decke ist allerdings schon rabenschwarz. Ein Licht sticht mir ins Gesicht, es geht an-aus-an-aus...
Ich taste neben das Bett, auf dem Hocker liegt meine Sonnenbrille, ich setze sie auf, jetzt erkenne ich Simons aufgequollenes, grinsendes Gesicht hinter der Stirnlampe. Ich befinde mich in Monju, eingemümmelt in meinen warmen Schlafsack, und habe das erste Mal seit Jiri den Wecker überhört. Der Herr Gitarrist neben mir freut sich

wohl, mich auf so barbarische Weise aus meinem Traum gerissen zu haben. Ich pelle ich mich aus der Daunenwärme heraus, und da mir jetzt natürlich kalt ist, muss ich irgend etwas tun. Ebi und Beeker liegen im Zimmer neben uns, und neben mir liegt mein Metz-Blitz. Durch eine große Spalte in der Holzwand schicke ich ihnen einige Guten-Morgen-Photonenschwälle ins Zimmer. Doch anstelle von fröhlich ausgelassenem Discogegröhle vernehmen unsere erwartungsvollen Ohren nur ein kühles „Hey, gleich gibt's Ärger!“ aus dem Munde unseres diplomatischen Dipl.-Sherpa Ang Ebi.
Um halb sieben sitzen wir alle vereint im Speiseraum, es gibt wie immer Dudh Tschia und Tibetan Bread, und ich esse Marmelade dazu, weil der Honig, der hier wirklich sehr flüssig ist, in der Früh einfach schneller ist als ich. Die Stimmung ist leicht angespannt, weil direkt hinter Monju die Grenze zum Nationalpark ist. Und wie für fast alles hier bräuchten wir für unsere Filmausrüstung eigentlich eine Sondergenehmigung, die zu teuer war, um sie zu erwerben. So können wir nur hoffen, dass die Grenzposten nichts merken. Alles, was irgendwie technisch aussieht, wird gut unsichtbar in den Rucksäcken und Körben verstaut. Die Lodgebesitzer verabschieden uns sehr herzlich, ihnen hat wohl das gestrige Konzert am Abend genau so gut gefallen wie uns.
Der Eingang zum Sagarmatha-Nationalpark besteht aus einem Häuschen, wo die Formalitäten geregelt werden, und einem großen Tor mit einem Wachsoldat, der mit seiner schweren Holzbüchse die weniger formellen Dinge regeln kann, was der guten Stimmung in unserer Gruppe natürlich nicht gerade zuträglich ist. Kurz vor dem Tor überkommt es Simon, er bekommt Schiss, und zwar im wahrsten Sinne des Wortes, krallt sich das Klopapier, das in meiner Isomatte steckt (und eigentlich das Mikrofon verdecken sollte), pfeffert seinen Rucksack an einen Zaun und hoppelt flugs zu einem „Toilet“-Häuschen. Der Dhal bhat gestern Abend ist ihm wohl nicht so gut bekommen. Zum Glück kehrt er bald wieder zurück, und ein wenig später sind

auch wir anderen erleichtert: Wir sind ohne Probleme am Grenzposten vorbeigekommen.
Jetzt geht es steil in das Flussbett hinab. Eine herrliche und wilde Landschaft erwartet uns. In der breiten Schotterebene am Grunde des steilen Tales schlängeln sich die Wassermassen. Man kann sich ungefähr vorstellen, wie es hier zu Monsunzeiten aussieht, wenn der Bach sich durch die Uferböschung frisst. Wir überqueren eine Brücke, die an zwei rundgewitterten, mehrere Meter großen Blöcken befestigt ist, dann zweigt der Weg steil nach rechts oben in den bewaldeten Hang ab, wo nochmals eine luftige Hängebrücke wartet. Unter mir tost der Dudh Khosi, der Milchfluss, der sein Wasser überwiegend aus dem großen Khumbu-Gletscher zu Füßen des Mount Everest bezieht, und seinen Namen von der stets trüben Farbe hat.
Weit ist es nicht mehr nach Namche Bazar, Gyalzens Heimatort, wo wir ein paar Tage bleiben werden. An einem Rastplatz in dem steilen Weg kommen auf einmal zwei lachende Mädchen auf uns zugelaufen: Gyalzens Enkelin Dawa und die Magd. Sie kommen genau zum richtigen Zeitpunkt, als ob sie gewusst hätten, dass wir jetzt gerade hier unsere letzte Rast machen. Sie haben eine Thermoskanne mit Milchtee und Gläser dabei und ich genieße die Erfrischung, während Dawa fröhlich vor sich hin plappert, auf Sherpa natürlich, also für mich unverständlich, aber die zwei Mädchen verbreiten gleich eine tolle Stimmung. Man merkt auch, dass Gyalzen glücklich ist und stolz, uns seine Enkelin zu zeigen. Noch etwas Tolles hat dieser Rastplatz: Einseitig ist er von Bäumen begrenzt, doch wenn man sich an einer Stelle bückt, so sieht man durch ein Loch im Baumdickicht die große, dunkle Pyramide, immer mit der riesigen Schneefahne – den Mount Everest.
Das letzte Stück nach Namche ist nun schnell geschafft. Von einem großen Stein am Weg aus hat man einen schönen Blick auf diese größte Sherpasiedlung. Sie liegt am Hang, wie ein großes Amphitheater, die Häuser sind auf großen Terrassen errichtet. Mich hat es die

ganze Zeit schon fasziniert, wie doch die Häuser hier denen bei uns ähneln, alle mit Giebeldächern, man könnte sie sich durchaus auch in einem Schweizer Bergdorf vorstellen. Ganz unten im Ort, wo es ein wenig flacher ist, steht ein großer Stupa, wie immer mit vielen Gebetsfahnen behängt. Gyalzen zeigt uns sein Haus mit dem leuchtendgrünen Dach. Gleich sind wir da. Am Ortseingang steht ein Schild: „Namche Bazar, 3440 m. Come as a guest, go as a friend". Daneben steht das Haus von Gyalzens Schwester und ihrem Mann, wo man uns schon erwartet. Man sieht den Trägern jetzt schon an, dass sie froh sind, endlich am Ziel zu sein. Da sitzen sie nun, trinken wohlverdienten Tee und lassen sich die Sonne auf den Kopf scheinen. Asman hat seine Badelatschen an, die er sich neu gekauft hat, und von denen er behauptet, dass es die besten Schuhe für so eine Strecke sind, wie wir sie gegangen sind.
Wir gehen am Waschplatz des Ortes vorbei, der jeden Tag, sobald er von den ersten Sonnenstrahlen aufgewärmt wird, voll ist mit Männern und Frauen. Wir betreten Gyalzens Haus, im ersten Stock ist ein großes Zimmer. Wir feiern unsere Ankunft mit einem guten Mittagessen, das seine jüngere Tochter gekocht hat. Jetzt sind wir endlich dort, wo sich Charly und Gyalzen vor sechs Jahren kennen gelernt haben. Was mir als erster Eindruck von Namche Bazar im Gedächtnis geblieben ist, ist neben den vielen Tibetern, die hier auf unbebauten Terrassen ihre Zelte aufgeschlagen haben, um das zu verkaufen, was sie von ihrer Heimat hierher getragen haben, die Bäckerei, die den schönen Namen "Hermann Helmer" trägt, und in der man sich sogar eine Schwarzwälder Kirschtorte zubereiten lassen kann. Zum Glück haben wir die Jahreszeit gewählt, in der man nur relativ wenig andere Touristen sieht. In der Hauptsaison ist hier wohl die Hölle los. Zur Zeit werden jedes Jahr circa fünf neue Unterkunftshäuser gebaut. Ich schlendere noch ein wenig durch die Gassen. Jeder möchte mir am liebsten sein ganzes Warensortiment, hier besonders alte oder zumindest so aussehende tibetische Gebrauchsgegenstände

und Schmuck, andrehen. Ich belasse es an diesem ersten Tag aber bei einem Paar warmen Socken, mehr brauche ich im Moment nicht. Ich werde noch genug Zeit haben, diesen schönen Ort besser kennen zu lernen.
Abends spielen wir in Gyalzens Haus g'scheit einen auf. Noch im kleinen Kreise, nur damit unsere Gelenke nicht einrosten, und aus Freude, endlich angekommen zu sein. Das große Geburtstagskonzert zu Ehren von Gyalzen ist für einen anderen Tag geplant.

Die Sherpas

Ulrich Gruber

„Steigt man in die höchsten und abgelegensten Bergregionen des Himalaya hinauf, so trifft man nahe der tibetischen Grenze auf die dritte Gruppe der tibetstämmigen Bergvölker Nepals. Sie verbindet eine enge sprachliche, religiöse und kulturelle Verwandtschaft mit ihren nördlichen Nachbarn. Es bestehen intensive wirtschaftliche Beziehungen zum tibetischen Hochland, die, der Annexion Tibets durch China und der chinesischen Kulturrevolution zum Trotz, heute noch, wenngleich in reduziertem Maß andauern. Die bekannteste Gruppe unter diesen tibetstämmigen Völkern bilden die Sherpas. Vor rund 450 Jahren wanderten ihre Vorfahren aus Osttibet in die Täler südlich des Mount Everest ein, Sie ließen sich zunächst im Khumbu direkt am Fuß der Achttausender nieder, zogen jedoch später weiter in die Landschaft Pharak östlich und westlich des Dhud-Koshi-Flusses und schließlich nach Solu, in eine liebliche und sanfte Waldgegend. Hier entstanden die großen Sherpa-Dörfer, hier etablierten sich die vier ältesten und angesehensten Clane der Minyagpa, Thimmi, Chakpa und Serwa. Heute kann man das Khumbu-

Gebiet als Eingangspforte zum Sherpa-Land, die Landschaft Solu aber als das eigentliche Kernland der Sherpas ansehen. Einige Sherpa-Gruppen ließen sich allerdings noch weiter westlich nieder, im Rolwaling, in der Gegend um das Kloster Bigu und in Helambu nördlich von Kathmandu.

Die Sherpa-Dörfer bestehen aus stattlichen Häusern, etwas kleiner im Khumbu-Gebiet, groß und mehrstöckig im Solu. Mit Ausnahme der Newars besitzen die Sherpas wohl die schönsten Häuser aller Volksgruppen. Im untersten Stockwerk eines solchen Hauses befinden sich Stallungen und Räume für landwirtschaftliche Geräte, darüber wird gewohnt. Eine Besonderheit der Sherpa-Häuser, die bei den anderen Volksgruppen fehlt, sind einfache Klosetts, die dem Wohnbau angefügt werden und in denen man menschliche Exkremente mit Laub vermischt als Dünger sammelt. Der Küchen- und Gemeinschaftsraum, hinter dem meist die Hauskapelle liegt, befindet sich im obersten Stockwerk. Er erstreckt sich fast über den gesamten Grundriss des Hauses. In einer mit Lehm ausgekleideten Vertiefung des Holzfußbodens brennt das offene Herdfeuer, der Rauch zieht frei durchs Dach und imprägniert das Balkenwerk der Decke gegen Ungeziefer.

An der Feuerstelle steht die niedrige, breite Sitzbank für den Hausherrn und seine Gäste. Entlang der Wände ziehen sich Stellagen für Truhen und verzierte Holzregale, auf denen blitzendes Kupfer- und Messinggeschirr vom Wohlstand der Besitzer künden. In der Regel wird im großen Wohnraum auch geschlafen. Während eines Festes stellen sich Hauseigentümer und Gäste in dem großen Gemach zum Stampftanz auf, die Männer auf der einen, die Frauen und Mädchen auf der anderen Seite. Bis in die frühen Morgenstunden trommeln die Filzstiefel zum Takt des Gesangs dröhnend auf den Boden, so dass die Wände beben und der Staub aufwirbelt. In den Pausen geht die Tschang-Schale von Mund zu Mund. Sherpas genießen es, zu singen und zu tanzen. Ihre Gastfreundschaft ist sprichwörtlich, und wenn man in ein Sherpa-Haus gebeten wird, nimmt man ganz selbstverständlich am Leben der Familie und an allen Feierlichkeiten teil. Die Sherpas sind traditionellerweise Ackerbauern, Viehzüchter und Händler. Da sie in Höhenlagen zwischen 2200 und mehr als 4000 Meter siedeln, beschränken sich die geernteten Feldfrüchte meist auf Gerste, Weizen und Kartoffeln, wobei die Kartoffeln eine ganz wichtige Stellung einnehmen. Die Hauptnahrung besteht allerdings, wie in Tibet, aus Tsampa, einem grob geschroteten Mehl, das aus vorher in heißem Sand gerösteten Weizen- oder Gerstenkörnern gemahlen wird.

Dazu trinkt man gesalzenen Buttertee, der mit Milch und einem tüchtigen Stück Butter versetzt als dampfende Bouillon serviert wird. Ein weiteres wichtiges Getränk im Sherpa-Leben ist Tschang, ein aus vergorenem Getreide hergestellter leicht alkoholhaltiger Most. Er wird nicht nur bei Festlichkeiten und Tanzvergnügen gereicht, sondern ist auch mit einer Reihe von Riten verbunden. So wird die Vorhochzeit, die das junge Paar auf die spätere Vermählung vorbereiten soll, Dem-Tschang genannt, und die Überreichung einer großen Holzflasche mit Tschang stellt die zentrale Handlung dieser Feier dar.

Das wichtigste Haustier der Sherpa-Bauern ist der langhaarige und äußerst genügsame Yak, der in diesem Gebiet mit einem Bergrind gekreuzt wird. Die Sherpas betreiben eine ausgeprägte Almwirtschaft. Ein Teil der Familie verbringt den Sommer ständig bei den Yaks auf den Hochalmen unterhalb der Gletscher und Schneefelder. Man lebt dort in einfachen Hütten, die aus Trockensteinmauern errichtet und mit Bambusmatten oder Planen aus Yak-Haaren abgedeckt sind. Auf den Almböden weidet das Vieh, wird gemolken, die Milch wird gebuttert, und auch Feste feiert man dort. Erst im Lauf des Oktober treibt man die Herden wieder zu Tal.

Die Religion der Sherpas ist der tibetische Buddhismus, vermischt mit Elementen des Bön-Glaubens und mit Schamanenriten. Friedlichkeit und Mitgefühl, das sich auch im Umgang mit Tieren zeigt, sind Ausdruck der buddhistischen Lebensphilosophie. Ursprünglich bekannte sich die gesamte Sherpa-Bevölkerung zur orthodoxen Richtung der Nyingmapa, der sogenannten Rotmützen-Schule. Nach der Besetzung Tibets durch die Chinesen haben indessen viele „Gelbmützen" – Gelukpa-Lamas – in den Sherpa-Dörfern Zuflucht gefunden und in neuerer Zeit das religiöse Leben dort beeinflusst. Damit die alten Riten und Zeremonien der angestammten Sherpa-Religion nicht völlig in Vergessenheit geraten, wurde vor kurzem mit finanzieller Hilfe der deutschen Partnergesellschaft „Freunde Nepals e.V." in der Nähe des Ortes Junbesi eine Klosterschule gegründet, in der junge buddhistische Mönche neben den allgemeinen Fächern auch in den traditionellen Lehren und Ritualen unterwiesen werden. Jedes Dorf im Sherpa-Land besitzt seine Gompa, seinen Dorftempel. Daneben gibt es große Klöster, die durch Bergsteigerexpeditionen und Touristenberichte bis in die westlichen Länder bekanntgeworden sind, wie etwa die Gompas von Bigu, Tschiwong, Mobung, Thami und vor allem Thengpoche im Khumbu am Fuß des Everest-Massivs. Das Haupt- und Tempelgebäude dieses Klosters ist durch Unachtsamkeit im Umgang mit elektrischem Strom im Januar 1989 abgebrannt, wurde jedoch bald danach mit internationaler Finanzhilfe, vor allem von großen Bergsteiger-Organisationen, wieder aufgebaut. Es gehört zu den eindrucksvollsten Erfahrungen einer Wanderung im Siedlungsgebiet der Sherpas, wenn man in einer Gompa am Gottesdienst mit dem dunklen Chorgesang der Rezitationen und den dröhnenden Klängen des aus Becken, Schalmeien und Pauken bestehenden Orchesters teilnehmen darf oder wenn man gar die prachtvollen Maskentänze des Mani-Rimdu-Festes miterlebt.

Die Sherpas sind tolerant und duldsam, in ihren Liebesbeziehungen locker und freizügig; voreheliche Verbindungen sind gang und gäbe, selbst eheliche Untreue und Scheidungen werden mit großer Nachsicht behandelt.

Wie bei allen Bergvölkern werden Kinder innig geliebt. Es gilt bei

Bildteil 4 - Von Nuntala nach Namche Bazar

Felsen am Weg sind mit bunten Gebeten bemalt.

oben	Pfllügender Bauer.
rechts	Laubträgerinnen auf dem Weg nach Surkhe.

oben	Beim ersten Blick wirkt der Mount Everest (ganz links) gegen den Thamserku (Bildmitte) fast unscheinbar.

links	Blick auf den Kongde Ri.

oben Hängebrücke über den Dudh Koshi.
links Ankunft in Namche Bazar.

WELCOME TO
NAMCHE BAZAR
HEIGHT:3446
Come as a guest
Go as a friend
SAGARMATHA CLUB

Gyalzens Enkel Dawa.

den Sherpas als große Sünde, ein Kind zum Weinen zu bringen oder gar zu schlagen. Durch ihren Einsatz als Sirdars, als Köche, persönliche Begleiter und Bergführer im Trekkingtourismus haben sich die Sherpas eine neue Berufschance eröffnet. Begonnen hatte diese Entwicklung, als die ersten Bergsteigerexpeditionen für ihren Weg zu den höchsten Eisgipfeln Angehörige des Sherpa-Volks als Hochträger und Seilgefährten engagierten. Mit ihrer Zuverlässigkeit, ihrer Intelligenz und ihrer unglaublichen Leistungsfähigkeit in großen Höhen wurden sie zu unentbehrlichen Gefährten auf jeder Hochgebirgsexpedition im Himalaya. Später eröffneten ihnen die gleichen Eigenschaften bevorzugte Positionen bei der Begleitung von Trekkinggruppen, und heute ist eine Trekkingtour ohne die hilfsbereite und aufopferungsfreudige Teilnahme von Sherpas kaum mehr denkbar. Die Arbeit für solche Gruppen hat überdies den Vorzug, dass sich die Sherpa-Männer nicht mehr so häufig den Gefahren einer extremen Bergbesteigung aussetzen müssen; viele junge einsatzfreudige Hochträger kamen bei Bergsteigerexpeditionen in der Vergangenheit zu Tode. Allerdings bleiben sie nach wie vor für die Vorhaben in großen Höhen unersetzlich."

Wochenmarkt in Namche

Simon Neumann

Heute ist also Markttag in Namche Bazar. Alle sind wir gespannt, was für ein buntes Treiben uns erwartet, während wir von Gyalzens Haus aus am Morgen den Vorbereitungen zusehen. Geschwächt von den Krankheiten, erleben einige von uns diesen Tag jedoch nur am Rande mit. Zusammen gehen wir los, jedoch verlieren sich unsere Blicke schnell im Gedränge des Marktes, der auf mehreren Terrassen aufgebaut ist. Aufgrund unserer Größe gegenüber den Nepalis gehen wir in der Menge nicht unter, dennoch benötigt Carolin eine halbe Stunde, bis sie endlich unter Mithilfe ihrer Ellenbogen und ihrer Stimme etwas Yakbutter und Käse ergattert, um zusammen mit Erich, der dafür extra aus seiner schwäbischen Heimat einen Teigschaber mitgebracht hat, am Abend Kässpätzle à la Nepali zu zaubern.

Während ich von einem Stand zum anderen gehe, erkenne ich einige Träger wieder, die wir unterwegs getroffen hatten. Trotz ihres schmächtigen Körperbaus schleppen sie bis zu hundert Kilogramm in einem Bastkorb, der nur durch ein Stirnband gestemmt wird. Damit das Gewicht bei den Pausen verringert wird, haben sie einen massiven Holzknüppel dabei, auf dem die Last abgestützt wird. Es ist schon eine unvorstellbare Strapaze, die die Träger regelmäßig hinter sich bringen, um auf dem Markt Mandarinen, Mangold, Klorollen, Seife, Batterien, Stoffe, Bier und etliche andere Waren verkaufen zu können, um damit etwas Geld zu verdienen. Ich erkenne auch ein paar unserer Träger wieder, die Freunden beim Verkauf zur Seite stehen.

Auf der obersten Terrasse findet man die Metzger, die große Fleischstücke, auf Decken ausgebreitet, der Sonne ausgesetzt, feilbieten. Kommt ein Handel zustande, wird die gewünschte Menge mit einem Messer, das durchaus etwas Pflege nötig hätte, abgetrennt. Jeder Mitarbeiter des Wirtschaftskontrolldienstes würde wohl bei diesem Anblick sofort Alarm schlagen. Aus eigener Erfahrung kann ich jedoch sagen, dass das Fleisch trotzdem gut schmeckt, wenn es auch etwas zäh ist.

Von Zeit zu Zeit sieht man Tibeter, von denen einige schon die ganze Woche in ihren Zelten in Namche Bazar hausen und Kleidung aus China oder Teppiche verkaufen. Tibeter sind Menschen, die – meiner Meinung nach – an natürlicher Wildheit kaum zu übertreffen sind. Hochgewachsene Männer mit markanten, wettergegerbten Gesichtern und Augen, die zu leuchten scheinen. Ihr langes, schwarz-

es Haar ist wirr mit roten Tüchern und Schmuck auf dem Kopf zusammengebunden. Als Kleidungsstück dient oftmals ein Schaf- oder Yakfell, dessen Außenseite einfach nach innen gestülpt wird. Dies ist zwar nicht zeitlos modern, aber zweckmäßig. Beim Handel sind sie die Ruhe selbst. Während das Feilschen bei den Nepalis oftmals hektisch wirkt, deuten Tibeter nur mittels einer Kopfbewegung an, ob sie mit dem angebotenen Preis zufrieden sind oder nicht. Sollte ein potentieller Käufer zu dreist sein, reicht eine Handgebärde mit dazugehörigem dunklen Geraune und die Sache ist erledigt.
Persönlich habe ich mir auf dem Markt nur etwas Obst gekauft und als Außenstehender die lebendige Atmosphäre des Marktes beobachtet, denn Andenken hätte ich erst nach Kathmandu zurücktragen müssen, wo man sie dann ohnehin günstiger bekommt.

Sherpa Gyalzens 60. Geburtstag

Malte, Andi und mich hat es ziemlich „erwischt“: Zuerst ein seltsames Frösteln, dann eigenartige Schmerzen der Haut, und ganz plötzlich relativ hohes Fieber, an die 40 Grad. Zuerst verschwindet Malte im Schlafsack, dann ich und als dritter Andi. Ausgerechnet jetzt, da Gyalzens Geburtstagsfest ansteht. Immer wieder falle ich in Tiefschlaf, wache schweißgebadet auf, friere gleich wieder. Am Morgen kommt Gyalzen und bringt mir heißes Wasser, nebenbei füllt er frisches Wasser in kleine Silberschalen seines Buddhaschreines. Diese Zeremonie, die er täglich aufs Neue zelebriert, soll allen Unrat des neuen Tages in sich aufnehmen. Gegen Abend gießt er das unreine Wasser dann weg. Eine wohltuende Handlung, zu der Gyalzen andächtig „Om mani padme hum“ murmelt. Am Nachmittag geht es mir langsam besser. Dafür fällt Andi vollkommen aus.

Die gesamte Verwandtschaft aus Namche Bazar ist von Gyalzen eingeladen. Der ganze Tag, es ist der 20. Dezember 1998, ist von Vorbereitungen für das Fest gekennzeichnet. Vor allem Gyalzens Tochter Serki muss Schwerstarbeit leisten, und den ganzen Tag über verlässt sie kaum die Küche. Soweit ich mitbekomme, wird auch in den Küchen der Verwandtschaft gebraten, gekocht und vorbereitet. Die Sonne wirft ihre Strahlen durch die Fenster. Als ich einmal um mich blicke, merke ich, dass alles ausgeflogen ist, bis auf Andi, der vermummt in seinem Schlafsack liegt, und Malte, der mit völlig zerzausten Haaren gerade dabei ist aufzustehen. Er teilt mir mit, dass er sich wieder recht wohl fühlt. Das Namchefieber hat ihn anscheinend wieder losgelassen. Gegen Spätnachmittag schäle auch ich mich wieder aus dem Schlafsack. Es geht mir erheblich besser, und unverzüglich beginne ich damit, mein Hackbrett zu stimmen. Gegen 18 Uhr soll das Fest beginnen. Ziemlich zerknittert verabschiedet sich Andi. Um in Ruhe schlafen zu können, geht er zum Haus von Gyalzens ältestem Bruder. Dann treffen auch schon die ersten geladenen Gäste ein. Gyalzens ältester Bruder mit seiner Frau, zwei stattliche Leute mit freundlichen Gesichtern und ergrautem Haar.
Nicht alle Sherpas stehen zu ihrem grauen Haar. Gyalzen zum Beispiel ist sehr eitel und lässt sich alle eineinhalb Monate seine grauen Haare schwarz nachfärben. Plötzlich kommt ein ganzer Pulk von Leuten, als hätten sie sich auf die Minute verabredet: Gyalzens Schwester mit ihrem Mann, seine ältere Tochter mit Mann und Kindern, noch zwei Neffen und deren Frauen. Im Nu ist die Sherpastube voll geworden. Mit uns sind es 23 Personen, die Gyalzens 60. Geburtstag feiern wollen. Er weiß im übrigen sein genaues Geburtsdatum nicht und sagt, dass er zwischen August und Dezember 1938 geboren wurde. Vielleicht ist es auf solche Ungewissheiten zurückzuführen, dass es hier eigentlich gar keine Geburtstagsfeiern gibt. Das heutige Fest geht ja auch mehr oder weniger auf unsere Initiative zurück.

Alle sitzen im Halbkreis um den gemütlich warmen Kanonenofen, dann beginnt Gyalzen seine Rede. Sichtlich stolz stellt er seiner Großfamilie seine Freunde aus Süddeutschland vor und betont an dieser Stelle noch einmal, dass wir von dieser Idee des Musiktrekkings nicht nur geredet haben, sondern sie auch wirklich in die Tat umsetzten. Er holt noch einmal aus und erzählt davon, wie wir unskennengelert haben, von seinen bislang sechs Sommern auf der Reintalanger-Hütte im Wetterstein. Dabei deutet er oft auf die Bilder, die in loser Folge ganz in der Nähe in den Schrankfenstern stecken und ihn bei allen möglichen Aktionen auf der Reintalanger-Hütte zeigen. Aber auch Fotos von unseren Ausflügen in die Schweiz, nach Italien und Frankreich sind dabei. Gyalzen blendet noch einmal zurück zur erfolgreichen Mt.-Everest-Erstbesteigung. Kurz berichtet er vom Tod zweier seiner Brüder bei Expeditionen und erzählt auch von Galmo, seiner Frau, die viel zu früh ganz plötzlich im April 1993 verstorben ist. An dieser Stelle wirkt seine Stimme belegt. Schnell schwenkt er zum heutigen heiteren Tag, seinem runden Geburtstag. Er wünscht allen einen fröhlichen Abend und einen guten Appetit beim heutigen Festmahl.
Zunächst aber bittet er uns um ein paar Musikstücke. Vor dem Essen wollen wir die bayrischen Lieder spielen, danach die nepalesischen. Mäuschenstill ist es, als wir das Geburtstagskonzert beginnen. Wie immer mit der „Schanz". Ganz vorn hocken die Kinder am Boden, um ja nichts zu versäumen. Auf Stühlen und Bänken verteilt die Verwandtschaft. Der eine oder andere lässt seine buddhistische Gebetskette durch die Finger gleiten. Beenden wir ein Stück, wird sie zur Seite gelegt, um die Hände frei zu haben für den Beifall. Der „Schönauer" beendet die bayrische Serie.
Dann gibt es Abendessen – und was für ein großartiges! Gyalzens Tochter tischt fürstlich auf. Aus Porzellanschalen duftet es, Dampf steigt aus Kupferkesseln, und in den Alutöpfen köchelt es. Wir haben schon ein schmackhaftes Geburtstagsessen erwartet, nicht aber ein so

fantastisches Festmahl. Angefangen von gefüllten Momos (unseren Maultaschen ähnlich), Fleischbällchen, gebratenem Yakfleisch und Hühnerklein in Chili, über Bratkartoffeln, Pommes Frites, Reis bis hin zu gedünsteten Bohnen und Mangold. Aber auch vorzüglichen Krautsalat gibt es und zum Nachtisch süße Mandarinen. Auch das Trinken kommt nicht zu kurz: Whiskey, Bier und traditioneller Tschang. Wer keinen Alkohol mag, bekommt Milchtee oder Hot Lemon. Alles ist sehr liebevoll zubereitet, nichts wirkt halbherzig oder gar aufgesetzt. Während wir von all den Köstlichkeiten probieren, unterhalten wir uns mit Gyalzens Verwandtschaft. Dabei erfahren wir, dass noch andere Mitglieder aus Gyalzens Familie im Ausland beschäftigt sind. Vor allem haben sein jüngerer Bruder und dessen Frau in Chicago in der Computerbranche Karriere gemacht. Das Fest ist in vollem Gange. Auf Sherpa-Nepali, Englisch und Deutsch wird geredet, immer wieder dazwischen das Geschrei der Kinder. Dazu das helle Bellen von Tashi, dem tibetischen Hund, und das Klappern von Geschirr und Besteck.
Nach einer letzten Mandarine greifen wir wieder zu den Instrumenten. Und Ebi, unser Kameramann, nimmt von der Fensterbank aus unser „Resham Piriri“ auf. Im Hintergrund lauschen die aufmerksamen Sherpas, die alle bald summend ins Lied einstimmen. Allerspätestens jetzt haben wir die Herzen der Einheimischen erobert. Man möchte die schönen Augenblicke gerne festhalten. Doch ist es wie immer: Alles ist im Fluss und mündet in Erinnerung. Dieser Abend in Namche Bazar wird ein ganz besonderer bleiben.
Zum Schluß hat Beeker noch seinen Auftritt, singt die „Tulpen aus Amsterdam“ und „Mein Vater ist ein Appenzeller“. Die Festgemeinde lacht aus vollem Herzen, und als Carolin noch ein Tenorhorn-Solo zum besten gibt, bricht ein Beifallsturm los. Gyalzen erzählt nun noch vom täglichen Weckruf auf der Reintalanger-Hütte. Und den wählen wir als Abschluss des heutigen Abends, weil wir der Meinung sind, dass er Gyalzens Tätigkeit auf der Hütte mit seiner Hei-

mat in Nepal am meisten verbindet. Ein beschwingt-nachdenklicher Walzer des Münchner Zithervirtuosen Hans Dondl aus den zwanziger Jahren: „Sommerrosen".
Aber von einem Abschluss kann nicht die Rede sein, wie an jedem Musikabend, fordern die Zuhörer ein zweites Mal das „Resham Piri". Gerne lassen wir uns erweichen. Nebenbei erheben wir noch einmal das Glas mit Whiskey, Bier oder Tschang auf Sherpa Gyalzen: „Happy birthday to you".
Dann ist es für die Gäste Zeit zum Aufbruch, und während wir uns gegenseitig mit einem dankbaren „Namaste" verabschieden, bekommt ein jeder von uns fünf Katak umgehängt. Diese weißen, meist einen Meter langen Seidenschals sind mit den tibetischen Buchstaben des Mantras „Om mani padme hum" bestickt. Die Schals sollen uns Glück, Gesundheit und ein Wiedersehen bescheren. Wortlos stehen wir da, schauen einander an und sind überwältigt von dieser schlichten und eindrucksvollen Zeremonie. Noch während wir herumstehen, geleitet Gyalzen seine Gäste zur Haustüre, hinter der sie in den nächtlichen Gassen von Namche Bazar verschwinden.

Weihnachtstage im Khumbu

Am Morgen nach Gyalzens Geburtstag erscheint Andi. Es geht ihm wieder besser, dafür ist nun Beeker, unser Schlagzeuger, angeschlagen. Da hilft auch kein Reisbrei, den Gyalzen zum Frühstück zubereitet hat. Dabei möchte Beeker doch mit Andi, Malte, Simon und mir nach Lobuche, von wo aus wir zum Kala Pattar aufsteigen wollen. Es wäre der erste Fünftausender von Beeker, Simon und Malte. Carolin, Erich und Ebi werden morgen nach Lukla absteigen und nach Kathmandu zurückfliegen, um einfach Urlaub zu machen.

Auch den heutigen Tag werden wir getrennt verbringen. Während unsere Nichtbergsteiger in Richtung des Klosters Tengboche wandern, bleiben wir in Gyalzens Haus oder zumindest in der Nähe. Wir packen unsere Rucksäcke für morgen oder sitzen einfach nur draußen auf der sonnigen Terrasse. Andi filmt ein Interview zwischen Gyalzen und mir. Dabei geht es noch einmal um unser Kennenlernen und unsere Freundschaft. Frühlingshaft warm ist es untertags, und manchmal kann auch Faulenzen die schönste Nebensache der Welt sein.
Am späten Nachmittag stapfe ich hinauf zum Aussichtspunkt nahe des Sherpamuseums von Namche Bazar. Der Blick von hier oben ist überwältigend. Unter mir das hufeisenförmige Sherpadorf, dahinter der Kongde Ri, im Nordwesten erhebt sich der heilige Berg der Sherpas, der Khumbila. An seiner rechten Schulter lehnt der eisbepackte Gipfel des Tawoche. Dann die alles dominierende, dunkelgraue Mauer von Nuptse und Lhotse, über der im letzten Sonnenlicht das Gipfeldreieck des Mount Everest, in der Sherpasprache Chomolungma (Göttinmutter des Schnees, auf Nepali Sagarmatha) genannt, leuchtet. Auch an den eisigen Häuptern von Ama Dablam, Kang Taiga und Thamserku, die rechts des Tales des Dudh Koshi in den Himmel streben, glänzt das letzte Licht des Tages. Nur ein leiser Wind weht, ansonsten ist es still. Ich bin allein. Andächtig nehme ich die letzte Stunde des Tages in mich auf.
Vormittags ist großer Aufbruch. Beekers Zustand hat sich verschlechtert. Er sieht sich außerstande, mit uns zu kommen. Stattdessen wird er mit Carolin, Erich und Ebi nach Lukla laufen, um mit dem Flugzeug nach Kathmandu zurückzukehren. Zum Abschied präsentiert uns Gyalzen ein fantastisches Frühstück: Leicht gebratene Fladen sowie gekochte Eier, dazu wie immer Milchtee. „The big guitar" wird tragefertig gemacht, aber auch Tenorhorn und Akkordeon werden verpackt. In der Morgensonne versammeln wir uns vollzählig im Hof. Bevor wir uns trennen, betätigen Andi und Ebi noch einmal

ihre Filmkamera, und auch wir halten mit ein paar Aufnahmen die Abschiedsszene fest. Gyalzen hängt den Kathmandu-Heimkehrern einen weiteren Katak um. Hell glänzen die Seidenschals in der Sonne. Dann beginnt das große Händeschütteln und Danksagen für das gemeinsame große Erlebnis. Ich spüre, dass außer mir auch alle anderen von uns in diesem Augenblick innerlich aufgewühlt sind. Namaste. Die Träger, diesmal sind es nur zwei, Asman Tamang und Manpuri Tamang, nehmen ihre Lasten auf, Carolin, Erich, Ebi und Beeker ihre Rucksäcke. Durch die schmale Holztüre verlassen sie den Hof. Bis zum weißen Stupa am Dorfwaschplatz winken wir ihnen noch nach, dann verschwinden sie in einer abfallenden Serpentine. Kurze Zeit später schultern auch wir unsere Rucksäcke. Aus Fürsorglichkeit heraus möchte Gyalzen, dass uns sein Schwiegersohn Tsewang begleitet. Für die nächsten Tage wünscht er uns alles Gute, vor allem Gesundheit und gutes Wetter. Angeblich soll dieses über die Weihnachtstage zu halten. Bald haben wir durch die engen Gassen mit ihren zahlreichen, typischen Sherpa-Souvenirläden den oberen Dorfrand erreicht, dort wo sich wieder der Blick weitet, hin zum Dreigestirn Everest, Lhotse und Ama Dablam. Als wären wir keinen Tag krank gewesen, laufen wir – Malte, Andi und ich – frisch dahin. Simon und Tsewang sind sowieso fit. Ein staubiger, hellbrauner Pfad, immer steiler abfallend, führt uns hinunter bis Phunki Teng, wo der Dudh Kosi den Imja Khola in sein Flussbett aufnimmt. Unterwegs rasten wir kurz. Wir kommen an einem klosterähnlichen Gebäude vorbei, aus dessen Innerem das tiefe Murmeln von Mönchen zu uns herausdringt. Unablässig beten sie in kehligen Lauten das „Om mani padme hum“. Ab und zu unterbricht der Hauptmönch mit einer Messingglocke den Sprechgesang.

Kaum sind wir wieder auf dem schmalen Pfad unterwegs, fährt uns ein ziemlicher Schrecken in die Knochen. „Schaut mal, dort liegt ein Yak“, entfährt es Malte. Tatsächlich, mitten auf dem Weg liegt ein sterbendes, schwarzes Yak. Es hat seine dunklen Augen verdreht und sein elendes Stöhnen jagt uns eine Gänsehaut über den Rücken. „Was es wohl hat?“, fragt Andi erschüttert. „Ich vermute, dass es eine Darmverschlingung hat, doch niemand wird hier das dahinsiechende Tier erlösen. Nur dafür bestimmte Leute dürfen Tiere schlachten. Kaufen zum Beispiel Sherpas frisches Fleisch, lassen sie es erst lange Zeit trocknen, um Gewissheit zu haben, dass alles Schlechte im Fleisch verflogen ist, um ja nicht die Götter zu erzürnen“, beantworte ich Andis Frage.

Ein wenig nachdenklich wandern wir weiter in den Tag hinein. Der Dudh Khosi schickt sein Lied herauf. Über uns kreisen drei Bartgeier, dann trottet eine Yak-Karawane seelenruhig an uns vorbei. Nur ab und zu begegnet uns ein Trekker. In Phunki Teng rasten wir in einer Art Gartenlaube. Schon lange hat es keine Nudeln mehr gegeben. Also gibt es heute Nudeln zum Mittagessen, „Chowmein“-Vegetable bestellen wir gleich in der Lodge nebenan. Eine Gruppe japanischer Touristen sitzt in der Lodge. Alle essen das Gleiche. Ganz in der Nähe quietschen die rostigen Achsen von ein paar hölzernen, mit Wasser angetriebenen und bunt bemalten Gebetsmühlen. Bis das Mittagessen fertig ist, haben wir Zeit, die holzfässerähnlichen Konstruktionen zu bestaunen.

„Nicht schlecht“, meint Simon, „die lassen doch glatt beten hier.“ Wir sind wahnsinnig froh, dass es halbwegs warm ist, und strecken uns nach dem Mittagessen noch eine Weile auf unseren Sitzbänken aus, bevor wir uns auf den Weiterweg machen. Durch einen von Weißtannen, Föhren, Birken und Berberitzen gesäumten Pfad geht es weiter zu einer Lichtung. Zunehmend steiler werdend, führt der Weg bis auf eine Höhe von 3800 m hinauf. Dort, wo der breite Pfad zu enden scheint, warten Simon und Andi. Schon von weitem ruft mir Simon zu: „Was für ein herrlicher Platz.“

In der Tat. Als ich 1993 erstmals hierher kam, war ich zunächst einmal sprachlos ob dieser Szenerie. Als wären die Gipfel von Kongde Ri, Tawoche, Nuptse, Lhotse, Everest, Ama Dablam, Kang Taiga und

Thamserku die überdimensionale Kulisse zur kleinen Theaterbühne mit dem Kloster Tengboche. Nicht umsonst zählt dieser fantastische Ort zu den schönsten und eindrucksvollsten Plätzen der Erde.
Links einer leicht abfallenden Wiese befindet sich das Kloster in seiner nun schon dritten Ausführung, nachdem einmal ein Erdbeben und ein zweites Mal ein Feuer die Klosteranlage zerstört hat. Umgeben ist Tengboche hauptsächlich von Himalaya-Weißtannen und riesigen Rhododendronbäumen, aber auch Bergbambus und Birken wachsen hier oben. Rechts der weiten Wiese, wo der Weg von Phunki Teng heraufkommt, empfängt den Trekker ein Tschörten, dazu zahlreiche alte behauene Granitgebetstafeln und Gebetsfahnen, die der Länge nach an fahnenmastähnlichen Holzstangen befestigt sind. Seit Jahrhunderten hängen die Sherpa diese Fahnen auf. Im Laufe der Zeit verbleichen sie, aber immer wieder kommen neue, bunte dazu. Gerade die im Wind knatternden Fahnen sind es, die diesem Ort, mit dem Blick auf die gewaltigen Achttausender, etwas Zeitloses und Mystisches geben. Neben einigen anderen Lodges gibt es eine namens „Gompa Lodge". In ihr finden wir heute Abend unser Lager. Ich spüre leichtes Kopfweh. Eine Aspirin verschafft Abhilfe. Da wir relativ früh am Nachmittag eingetroffen sind, hat jeder von uns noch Zeit zu einem Spaziergang ins Kloster oder in die Umgebung. Ich lese aber lieber in Jon Krakauer`s Buch „In eisigen Höhen" über die Everesttragödie von 1996.
Am Abend trifft sich in der Lodge am Kanonenofen ein wahrhaft buntes Völkchen: Franzosen, Koreaner, Japaner, Deutsche, Amerikaner und Italiener. Alles schart sich um den wärmenden Platz. Wider Erwarten bekommen wir unser Abendessen relativ schnell – Gemüsesuppe und Milchtee. Der Abend hat eine barbarische Kälte mitgebracht. Doch die internationale Trekkerschar bringt es nicht fertig, die Lodgetüre zu schließen. Weil es mich gar so friert, schaffe ich schließlich Abhilfe mit einem zusammengefalteten Stück Karton, das ich zwischen Türe und Türstock klemme.

Die Atmosphäre des Moments, wenn ein Ort erwacht, ist für mich etwas ganz Besonderes. Auch im Sommer auf der Hütte führt mich mein erster Gang auf die Terrasse, um die morgendliche Stille einzuatmen. Der heraufziehende Tag, das Beladen der Yaks, die an der gegenüberliegenden Lodge stehen, ein morgendlicher Spaziergang ins Kloster – um das zu erleben, sind Andi und ich noch vor dem Hellwerden auf den Beinen. Die Klosterwiese ist völlig mit Reif überzogen. Im morgendlichen Licht sieht sie aus wie ein blaugrauer Teppich. Die weißen und schwarzen Yaks liegen noch wie Steine dicht beieinander. Nur durch ihr Schnauben, das kleine Dunstwolken erzeugt, wird erkennbar, dass sie leben. Andi bleibt in der Nähe der Tiere, während ich in die morgendliche Stille des Klosterinnenhofs eindringe.
Nichts rührt sich, es ist klirrend kalt hier drinnen, in diesem Hof, der mit dunkelgrauen Steinplatten ausgelegt ist. Um ihn herum befindet sich ein hölzerner Rundgang, der wie eine Art Empore am Außenbau befestigt ist. Auf leisen Sohlen gehe ich nach rechts hinüber, wo ich eine Türe öffne und so in den Haupttempel des Klosters Tengboche komme. Ich finde kaum Zeit, die vielen Kunstwerke, die es hier drinnen gibt, zu bestaunen, schon dröhnt ein ohrenbetäubendes Getöse durch den Raum. Ein Mönch schlägt mit Trommelschlegeln etwa fünfzehn mal auf verschiedene riesige Messinggongs. Dabei verschluckt ein Echo das andere. Kaum ist die erste Serie der erbebenden Gongs beendet, erschallt die zweite Runde. Brachial donnern die Schläge in die Stille hinein und dennoch haben sie in ihrer Wucht etwas Feierlich-Göttliches. Danach ist es wieder still. Absolut still. Im Dämmerlicht blicke ich um mich, sehe, wie mich der Mönch, um die dreißig Jahre alt, gütig anblickt, als wolle er sagen: „Bleib da, schau dich um.“ Am Eingang sehe ich Statuen in rot-orangenem Licht: In der Mitte „Amida“, auch „Jo Rinpoche“ genannt. Links ein Bodhisattva mit Namen Chenrezik und rechts der Begründer des Nyingma-Ordens, Guru Rinpoche, was übersetzt „hochgeehrter Hüter des

Schatzes" heißt. Die Seitenwände sind behangen mit wertvollen, farbigen Thankas, die mit den verschiedensten Mandalas bemalt sind. Das größte aber befindet sich an der Decke des Klosters. Mandalas, buddhistische Diagramme, symbolisieren göttliche Unendlichkeit auf der Grundlage der tantrischen Philosophie.

Mich fröstelt. Leise verlasse ich den Raum und bleibe noch eine kurze Weile im Innenhof des Klosters. „Klong, klong" höre ich, Kolkraben sitzen auf den Dachrinnen. Einer der Raben hat einen Streifen einer Gebetsfahne umgebunden.

Die Yaks sind inzwischen beladen. Sie warten nur noch auf die Pfiffe ihrer Treiber. Gerade als die ersten Sonnenstrahlen die bereifte Wiese treffen, trotten sie los. Ihre Körper werfen Schatten und es ist, als bewegten sie sich wie im Takt. Dann verschwindet die Karawane im nahen Rhododendronwald.

Malte, Simon und Tsewang haben inzwischen Milchtee und Tschapati bestellt. Rasch sind wir mit dem Frühstück fertig. Nach Periche sind es gemütliche fünf Stunden. In der Nähe von Deboche schauen wir kurz bei Ang Kanji Sherpa vorbei. Vor sechs Jahren hatte sie eine Lodge nahe des Klosters, in der ich damals übernachtete. Tatsächlich erkennt sie mich noch. Auf einen kurzen Tee lädt sie uns ein, die große stattliche Frau, mittlerweile auch schon über 50 Jahre alt. Kurz vor Pangboche überqueren wir in schwindelnder Höhe auf einer mit Gebetsfahnen geschmückten Hängebrücke den Imja Khola. Bald darauf kommen wir an dem berühmten Tschörten vorbei, hinter dem sich wie eine riesige weiße Kerze der Ama Dablam in den Himmel erhebt.

Immer am Imja Khola entlang streifen wir die Weiler Chunlungche, Shomare und Rake, in Ousho rasten wir eine Zeit lang. Wir treffen dort ein italienisches Ehepaar. Sie sind auch auf dem Weg zum Kala Pattar. Die Frau scheint mir ein wenig Probleme mit der Höhe zu haben. Es ist warm, unsere verschwitzten Hemden und Pullover trocknen in der Sonne. Wir genießen die Pause, jeder von uns ist in sich versunken. Dann ist es wieder Zeit, die Rucksäcke zu packen. Stets haben wir die gewaltige Lhotse-Südwand vor Augen, links von uns der strahlendweiße Tawoche, rechts die Königin Ama Dablam. An alten Gebetstafeln und an Mani-Mauern, die mit Gebetsfahnen geschmückt sind, wandern wir vorbei. Das Gelände ist mittlerweile steppenartig geworden, nur hier und da ein paar beladene Yaks, Touristen sehen wir fast keine. In Periche finden wir eine saubere Lodge, in deren Aufenthaltsraum eine Gruppe lauter Engländer um den gemütlich warmen Ofen sitzt. Ein Tag vor Heilig Abend. Unsere Stimmung ist bestens.

Den nächsten Morgen lassen wir gemütlich angehen. Gegen 10 Uhr verlassen wir Periche. Entlang eines Bachs, der teilweise zugefroren ist, ziehen wir weiter nach Lobuche. Die Gegend ist flach und es wachsen nur noch sparsam Grasbüschel und flechtenartige Gewächse. Selten ist ein Vogel zu hören, ansonsten begleitet uns nur das Glucksen des Baches. Links hinten taucht der Cholatse auf, rechts von uns versperrt ein riesiger Grasrücken die Sicht auf die Lhotse-Wand. Am Talschluss steigt der Pfad markant an, führt durch ein geröllartiges Bachbett, kurz danach steht die Lodge von Dughla am Weg. Vor Lobuche ist das heute die einzige Trinkpause, die wir uns gönnen. Ein eiskalter, scharfer Wind ist aufgekommen, rasch ziehen wir unsere Daunenjacken, Mützen und Handschuhe über. Kurze Zeit später erreichen wir oberhalb Dughla eine kleine Hochebene. Wir verweilen kurz und lassen die Atmosphäre von zahlreichen kleinen Tschörten und Gebetsfahnen auf uns wirken. Die Wände von Tawoche und Cholatse sehen von hier besonders mächtig aus. Der Weiterweg wird nun zunehmend steiniger, er führt mitten hinein in die wuchtige Moräne des Khumbu-Gletschers. Inzwischen haben wir eine Höhe von 4800 Metern erreicht. Malte und Simon waren noch nie so hoch. „Ihr wisst schon, dass alle tausend Meter, die erstmals überschritten werden, eine Flasche Wein fällig ist", erkläre ich ihnen, „zumal wir uns auf einem so traditionsreichen Weg befinden, auf dem schon viele bekannte und unbekannte Expeditionen durchgezogen sind."

Rechts von uns ist die Nuptse-Mauer wieder zu sehen, und ganz hinten, wo das Khumbu-Valley an eine riesige Bergkette stößt, erhebt sich ganz plötzlich in voller Wucht der Pumori, über 7000 m hoch und als gefährlich bekannt.

Jon Krakauer hat die Hütten von Lobuche in seinem Everest-Buch als Kloake bezeichnet. Mag sein, dass die Gerüche von menschlichen Exkrementen sich im Frühjahr stärker bemerkbar machen, jedenfalls empfinden wir heute, am Heiligen Abend, unsere einfache Lodge geradezu als gemütlich. Zwar pfeift da und dort der kalte Wind durch die Ritzen, doch das macht der kleine, mit Yakmist beheizte Kanonenofen wieder wett. Malte erweist sich als genialer Weihnachtskrippenbauer, indem er aus einer Everestpostkarte eine Art Stall baut. Aus Papierresten bastelt er dann noch Ochs und Esel, Maria und Josef und das Kind in der Krippe. Jetzt braucht er nur noch den Kleber, der zu meiner Grundausrüstung gehört. Auch Kerze und Schere führe ich immer mit mir. Sie tun jetzt gute Dienste. Aus einem Karton, der hier herumliegt, zaubere ich noch einen kleinen Weihnachtsbaum. Von draußen noch ein paar dürre Gräser – dann ist die Weihnachtsdekoration fertig. Am geschlossenen Fensterladen macht sich das gut. „Oh, du fröhliche..."

Mit Malte unternehme ich noch einen Spaziergang zur Glaspyramide der Italiener, eine Art Forschungszentrum, das ein italienischer Wissenschaftler eingerichtet hat. Es sieht inmitten der Welt der Himalaya-Riesen ziemlich futuristisch aus. Tatsächlich wird das Gebäude bisweilen von Trekkingunternehmen angemietet. Wir treffen dort eine vierköpfige deutsche Gruppe, die hier oben Weihnachten und Silvester verbringen will.

„Ob die wohl Wein dabeihaben?", fragt mich Malte. Im Innern der Glaspyramide hängt tatsächlich eine einfache Speisekarte. Malte liest ganz laut vor: „Eine Flasche Rotwein 1600 Rupien."

„Gut, das sind rund 50 Mark, aber heute gönnen wir uns so einen kostbaren Tropfen." Das Spannende ist jetzt nur, ob sie wirklich welchen dahaben. Tatsächlich, einige Einheimische, die gerade dabei sind, in einer völlig kerosinverqualmten Küche zu kochen, bringen uns eine Flasche trockenen französischen Rotwein. Zufälle gibt's schon manchmal.

„Verraten wird aber nichts, Malte", erkläre ich.

„Die werden Augen machen", freut sich Malte.

Es ist schon fast dunkel, als wir wieder zur Lodge zurückkommen. Andi hat für uns alle schon Käsenudeln bestellt, hier oben auf knapp 5000 m. Tsewang fühlt sich nicht wohl, wahrscheinlich macht ihm die Höhe zu schaffen. Er isst jedenfalls nichts und zieht sich in seinen Schlafsack zurück. Die Flasche Rotwein haben wir unbemerkt in einem Socken versteckt. Hinter dem Ofen wird sie nun langsam wärmer.

„Das wär was, wenn wir jetzt eine Flasche Rotwein hätten zu den Käsenudeln. Was meinst du, Andi?", frage ich schelmisch in die Runde. Ich sage Runde, weil noch ein Engländer namens Richard aus London hinzugekommen ist.

„Wäre nicht schlecht, Charly", lacht Andi.

„Die müssen wir uns halt dazudenken, zu den Käsenudeln", wirft Simon noch ein, und Malte grinst in sich hinein. Endlich bringt der Koch bringt vier Teller mit Spaghetti und in einem kleinen Topf eine Art Instant-Käsesoße. Heute nehmen wir diese in Kauf. Ich stehe kurz auf und halte eine Rede von zwei Sätzen: „Da wir Weihnachten so ganz ohne Freundinnen verbringen müssen, spendiere ich zum Trost eine Flasche Rotwein. Frohe Weihnachten allerseits."

Malte hat die Flasche in der Socke schon in der Hand und überreicht sie mir. Ich halte sie am Boden fest und ziehe den Socken nach oben: „Da, schaut her", lache ich, „der Heilige Abend ist gerettet."

Tsewang, der schon schläft, bekommt von der ganzen Überraschung gar nichts mit, dafür grinsen Simon und Andi bis zu den Ohren,

Bildteil 5 - Impressionen

Abschied von Namche Bazar.

oben Heiliger Abend in Lobuche.
rechts Stupa in Namche Bazar.

oben Am Gipfel des Thorak So So.
links Gebetsfahnen am Gipfel des Gokyo Ri. Im Hintergrund der Cho Oyu.

Konzert in Changu Narayan.

Stehend von links nach rechts: Diplom Sherpa Ebi, Simon, Malte, Charly, Carolin und Beeker, sitzend Erich und Andi.

selbst der Engländer ist sprachlos über unser kostbares Geschenk. Langsam schlürfen wir zu viert den kostbaren Tropfen, die Kerze am Fensterladen erhellt den Raum, und die Figuren der Krippe werfen kleine Schatten – Weihnachten einmal anders. Morgen früh um vier müssen wir raus.
Still verlässt jeder seinen Schlafsack. Es ist erbärmlich kalt. Aus der Thermoskanne trinken wir heißen Tee, essen dazu ein paar Kekse. Dann treten wir in den frühen Morgen hinaus, Richtung Kala Pattar. Über uns funkelt ein riesiges Sternenmeer. Im Schein unserer Stirnlampen stolpern wir zuerst geradeaus und dann nach links auf einem halbwegs ausgetretenen Pfad. „Wir müssen gleich da vorne auf den Grasrücken hinauf", erkläre ich Andi. Schon bald geht der Grasrücken in einen größeren über, kurz danach setzt Geröll ein, erst flach, dann steiler werdend. Schließlich großes Blockwerk. Es ist verdammt anstrengend, sich in der Kälte zu bewegen, manche Stellen erfordern sogar leichte Kletterei. Der eisige Wind nimmt zu.
Zum Sonnenaufgang wollen wir auf jeden Fall auf dem Gipfel sein. Im Lichtkegel unserer Stirnlampen finden wir nur schwierig durch die lose aufeinander liegenden Granitblöcke. Erbarmungslos bläst jetzt der eiskalte Wind, wir können uns kaum verständigen. Langsam setzt die Dämmerung ein, und am östlichen Horizont beginnt sich eine gigantische Silhouette abzuheben: Die mächtigen Gipfel von Makalu und Lhotse und die alles überragende Pyramide des 8848 m hohen Mount Everest. Zum Greifen nahe zeichnen sich ihre klaren Linien in den Morgen hinein. Unwillkürlich denke ich an das Buch von Jon Krakauer, als ich die lange, nach Osten wehende Schneefahne des Everestgipfels sehe. Auch spüren Andi, Simon, Tsewang und ich, was eisige Kälte bedeutet, Malte besonders, er hat inzwischen völlig gefühllose Zehen. Noch ein paar Blöcke, ein Schuttband, Andi steht schon am Gipfel und filmt, wie Malte und Simon, Tsewang und ich kriechend die letzten Meter zum höchsten Punkt hinaufkommen. Kurz umarmen wir uns, dann kauern wir uns eng am Gipfel zusam-

men und erwarten sehnlichst die ersten Sonnenstrahlen. Die lassen nicht lange auf sich warten, doch sind sie zu kraftlos, um uns zu wärmen. Der eisige Wind, der mit dem Tagwerden noch mehr zugenommen hat, raubt jegliche Wärme.

Malte schaut schon seit ein paar Minuten kritisch drein. Sein geologisch-geographisch geschulter Blick geht gen Osten und schätzt die Umgebung ab. Dann sagt er ganz sachlich: „Du, Charly, dieser Gipfel hier ist nicht der Kala Pattar. Der ist viel weiter dahinten, dahinten im Osten, in der Nähe des Everest-Basecamp. Dort, wo es noch schattig ist." Mit ausgestrecktem Arm zeigt er dorthin.

„Das kann doch nicht wahr sein. Ich war doch schon vor sechs Jahren hier oben", antworte ich ihm.

„Das mag schon sein, ändert aber nichts an der Tatsache, dass wir auf einem anderen Gipfel stehen", entgegnet Malte.

Mir ist das im ersten Moment ziemlich peinlich, besonders als ich in die betretenen Gesichter der Anderen blicke. Keiner sagt etwas. Dann stelle ich ganz lakonisch fest: „Hauptsache ein Gipfel, vielleicht sind wir sogar ein paar Meter höher." Tatsächlich dachte ich im Februar `93 schon, dass es für einen normal wandernden Trekker hier hoch ganz schön anstrengend wäre mit den zwei, drei kniffligen Kletterstellen. Eigentlich hätte ich damals schon drauf kommen müssen, dass das hier der falsche Berg war. Doch war ich seinerzeit froh, überhaupt einen Gipfel erreicht zu haben. Von Indien kommend, war ich völlig unakklimatisiert. Außerdem war ich allein, und eine Landkarte hatte ich auch nicht bei mir. Und weiter nachgedacht hatte ich mit meinen damaligen Kopfschmerzen auch nicht. Für mich Ahnungslosen war dieser Nebengipfel, den wir später als 5700 m hohen Nebengipfel des Lobuche East ausmachen, weiterhin der Kala Pattar. So war es also innerhalb von sechs Jahren zweimal zum gleichen Irrtum gekommen.

Andi filmt das Everest-Panorama, während wir uns schon an den Abstieg machen. Simon und Tsewang plagt fürchterliches Kopfweh,

Malte und mich friert es nur noch. Unterhalb des letzten Geröllhanges warten wir auf Andi. Wir beschließen, zu viert doch noch zum Kala Pattar zu gehen. Simon wählt den Abstieg nach Lobuche. Noch während wir an der linken Seite der Moräne des Khumbu-Gletschers Richtung Everest Basecamp marschieren, nimmt der kalte Wind sturmähnliche Formen an. Um mein Gesicht ein wenig zu schützen, laufe ich rückwärts, längst sind die anderen voraus. „Für wen und für was sich eigentlich so quälen", frage ich mich. Ich habe genug. Eine Sturmböe nach der anderen hat mich zermürbt. In einer kurzen Sturmpause rufe ich den anderen zu, dass ich umkehre. Keinen Bock mehr. Fast bin ich mir sicher, dass es nur eine kurze Weile dauern wird, bis auch Andi, Malte und Tsewang aufgeben. Ich wandere erleichtert nach Lobuche zurück. Mit dem Wind im Rücken brauche ich mich kaum anzustrengen.
Simon liegt im Schlafsack, als ich in der Lodge eintreffe. Auch ich bin so müde, dass ich mich gleich dazulege. Sofort schlafe ich ein. An einen längeren Schlaf ist jedoch nicht zu denken, denn – oh Wunder – auch Andi, Malte und Tsewang haben die Segel gestrichen, plötzlich stehen sie mit hochroten, vom Wind gezeichneten Köpfen im Innern der Lobuche-Lodge: „Es hatte echt keinen Sinn mehr weiterzugehen. Der Wind hat uns fast weggeblasen", erklärt uns Andi. Was wir zu diesem Zeitpunkt nicht wussten, war, dass das italienische Ehepaar, das wir neulich kurz vor Periche trafen, und noch ein paar andere Trekker, am selben Tag ihren Versuch, den Kala Pattar zu besteigen, schon kurz hinter Gorak Shep eben wegen dieses starken Sturmes abgebrochen hatten. So hatte mein zweiter Kala Pattar-Irrtum doch noch eine positive Wirkung, denn so haben wir wenigstens einen Berg besteigen können. Zufrieden steigen wir eine Stunde später nach Periche ab.
Simon hat erst einmal die Lust am Bergsteigen verloren. In Pangboche wird er uns verlassen und nach Namche Bazar bzw. Kathmandu zurückkehren. Wir, Andi, Malte, Tsewang und ich, entschließen uns,

über Phortse und Thare noch einen Abstecher ins Gokyo-Tal zu machen.

Ein morgendliches Trekking über dieselben steppenartigen Hügel oberhalb des Imja Khola bringt uns hinunter nach Pangboche. Dort, wo sich der Weg gabelt, verabschieden wir Simon, heute am zweiten Weihnachtsfeiertag: „Schöne Rückkehr nach Kathmandu. In einer Woche sehen wir uns wieder."

Im verträumten Pangboche rasten wir nahe der Gompa. Ein windstiller, sonniger Platz lässt uns schnell die gestrige Kälte vergessen. Obwohl wir heute noch nach Thare wollen, gönnen wir uns eine halbe Stunde Zeit, um das berühmte Kloster von Pangboche zu besichtigen.

Wie alle Klöster hier in der Gegend ist es ein einstöckiger, quadratischer Bau, genauso wie in Tengboche. Nicht ganz so üppig, aber wesentlich älter. Es heißt, die Pangboche Gompa ist 300 Jahre alt. Die Wände und Decken sind mit farbenprächtigen Mandalas bemalt. Genauso wie in Tengboche gibt es verschiedene Buddha-und Bodhisattva-Statuen. Auf einer Holzwand darunter die gemalte Darstellung einer sexuellen Vereinigung von Mann und Frau, „yab yum" genannt. Auf meine Frage, wo sich der Yetiskalp befände, antwortet mir der freundliche Mönch, der uns das Kloster geöffnet hatte, mit einem Achselzucken, dass dieser vor sechs Jahren gestohlen worden sei. Wir bedanken uns mit einem kleinen Trinkgeld, grüßen höflich „Namaste" und treten ins Freie, wo mir erst jetzt der wunderschöne Blick zwischen den Häusern von Pangboche hindurch auf die Ama Dablam auffällt. Es ist Zeit aufzubrechen.

Über luftige Serpentinen steigen wir langsam in Richtung Phortse ab, das am Eingang des Gokyo-Tals liegt. Dabei bietet sich uns ein herrlicher Blick auf das gegenüberliegende Kloster Tengboche. Seine Dachziegel glitzern in der Mittagssonne. Weiter drüber die Gipfel des Thamserku und des Kongde Ri. Im Dunst des Tales das Silberband des Dudh Khosi. Einige Yaks kreuzen genau dort unseren Weg, wo er

am engsten ist. Irgendwie müssen wir einander ausweichen. Mit dunklen Augen glotzen uns die zottigen Tiere an.
Andi legt wieder ein straffes Tempo vor, längst hat er die tiefste Stelle des Pfades hinter sich und wartet dort auf uns, wo die Serpentinen flacher werden. Dabei ist seine kleine Digitalkamera immer im Einsatz. Phortse, inmitten von Terrassenfeldern, liegt anmutig in der Sonne. Es ist ein stilles Dorf. Die meisten Menschen hier gehen der Vieh- und Landwirtschaft nach. Wir nehmen schnell ein verspätetes Mittagsessen in Form einer Nudelsuppe und einer Dose Cola zu uns, hier oben vollkommener Luxus. Schon von unserem Rastplatz aus sehen wir auf der rechten Seite des Gokyo-Tals den sogenannten Yak-Trail sich hochziehen. Bis nach Thare wird er uns einige Höhenmeter abverlangen, jedoch sind wir zwischenzeitlich bestens akklimatisiert. Eine junge Sherpani rechnet für uns zusammen. Mit einem „Good luck" entlässt sie uns.
Tsewang meint: „Noch drei bis vier Stunden bis Thare. Hoffentlich ist die Lodge geöffnet." Zur Sicherheit fragen Andi und Malte die sympathische Sherpani mit ihrem geflochtenen Zopf noch einmal. Mit einem verlegenen Lächeln bejaht sie unsere Frage. Ich stelle wieder einmal fest, dass gerade Malte und auch Andi, die beiden hellblonden Schöpfe, bei den Einheimischen besonders gerne gesehen sind. Vielleicht liegt es auch daran, dass sie jünger sind. Ein kleiner Flirt unterwegs lockert allemal die Atmosphäre auf.
Auf der linken Talseite liegen die Dörfer Dole, Gyele und Lhabarma bereits im Schatten. Etwas oberhalb das langgezogene, hellbraune Band des Touristenpfades. Unser Weg wird wesentlich seltener benutzt, wahrscheinlich wegen seiner teilweisen Ausgesetztheit. Und momentan ist es stellenweise auch noch tückisch vereist. Durch im Winter verlassene Almen, an Mani-Mauern vorbei, wandern wir auf dem flachen Weg dahin, bis plötzlich der Trail wieder schier endlos nach oben zu ziehen scheint. An einer Gratschneide ist ein kleiner Tschörten aufgebaut. Malerische Gebetsfahnen geben ihm und der

Umgebung das typisch zeitlose, buddhistische Flair. Zwei, drei Schritte weiter, als würde ein Vorhang aufgezogen, erscheint die gigantische Kulisse des im Abendlicht liegenden Cho Oyu, 8201 m hoch – die „Göttin des Türkis", wie der Berg auch genannt wird. Völlig unscheinbar als brauner Hügel vorgelagert steht in der Nähe von vier Seen unser morgiges Ziel, der Gokyo Peak, 5483 m hoch.

Am Gokyo Ri

Thare liegt da wie ein Adlerhorst. Ein einfaches Steinhaus neben ein paar Ställen, bewirtschaftet von zwei Sherpani. Die eine mag etwa 25, die andere 30 Jahre alt sein. Die Jüngere ist gerade dabei, ihre Yakherde von der Weide zu holen, während die ältere uns sogleich Tee zubereitet. Die Sonne hat sich schon hinter der Bergkette des Machermo Peak verkrochen, lediglich die Eisflanken des Cho Oyu glänzen noch im Abendlicht. Bald wird es empfindlich kalt. Bis zum Abendessen lesen wir noch ein wenig in unseren Krakauer-Büchern „In eisigen Höhen" und „In die Wildnis" oder schreiben im Tagebuch.

Plötzlich geht die schwere Holztüre auf – da haben sich doch noch zwei weitere Touristen hierher verlaufen. Später, als wir uns bekannt gemacht haben, wissen wir, dass es ein Trekker aus Landsberg am Lech ist. Sein Begleiter ist Manbir Tamang, ein sympathischer, aufgeweckter Führer. So Anfang dreißig mag er sein. Das Nachtlager, das wir später aufsuchen, ist natürlich einfach, jedoch besser als ein kaltes Biwak.

Schon morgens um sieben treffen die ersten Sonnenstrahlen die gegenüberliegende Talseite. In der Küche knistert ein Feuer, schon bald gibt es Tee und Tibetan Bread für uns. Gegen acht brechen wir alle gemeinsam in Richtung Gokyo auf. Der Weiler Na ist unser erstes Ziel, falls die Almen überhaupt offen sind. Federleicht fühlen wir uns, weil es von Thare nur noch bergab geht. Längst liegt die Göttin des Türkis, der Cho Oyu, im Morgenlicht. Nur einzelne dünne Grasbüschel wachsen am Wegrand, immer wieder ist der Pfad von Geröllhalden verschüttet. Schließlich führt er in eine üppige, grüne Fluss-Au. Hier hat der noch junge Dudh Khosi sein weitverzweigtes Bachbett, nicht weit entfernt von den Häusern von Na. Tatsächlich hat eine der sieben Hütten offen und wir können zu Trinken bestellen. Eine große Kanne Hot Lemon brauchen wir sechs schon. Manbir Tamang und Hermann, der Bergsteiger aus Landsberg, haben sich uns angeschlossen. Den breiten Touristenweg, der von Phortse Tenga heraufführt, erreichen wir kurze Zeit später über eine einfache Holzbrücke. Fast windstill ist es, ein paar Yaks und ihre Treiber kommen vorbei, ziehen hinauf nach Gokyo. Weiter oben überqueren wir den Dudh Khosi ein weiteres Mal. Stetig steigt der Trek nun wieder an. Ich bin langsamer geworden, die anderen sind längst über alle Berge. Von Zeit zu Zeit brauche ich meinen eigenen Trott, möchte stehen bleiben und die Gipfel ringsum betrachten. Immer wieder bleibt mein Blick am Cho Oyu hängen, meinem Traumgipfel, mit seiner gewaltigen Südwand. Sollte ich eines Tages noch einmal einen Achttausender versuchen, dann wird es der Cho Oyu sein. 1981, ein halbes Jahr bevor Reinhard Karl am Fuße eben dieser mächtigen Südwand von einer Eislawine erschlagen wurde, hatte ich ihn während einer seiner Diavorträge in Garmisch-Partenkirchen kennen gelernt. Ich erinnere mich noch genau an die Unterhaltung damals im Gasthaus „Rassen“. Kurz zuvor war sein berühmtes und zeitloses Buch „Zeit zum Atmen“ erschienen. Es traf die damalige Aufbruchstimmung in der Freikletterszene wie kein anderes Buch, wurde zeitweise zu einer Art Bibel. Reinhard Karl war Ende der Siebziger, Anfang der Achtziger einer der Ersten in Deutschland, der das Klettern zu seinem Beruf machte.

Ob wohl das Rostganspärchen auf dem ersten der vier Gokyo-Seen wieder da ist? Vor sechs Jahren war ich in einem Gewaltmarsch von Tengboche nach Gokyo unterwegs, wollte in Na übernachten, fand aber alles verschlossen vor. Die Nacht brach schon herein und ich war erst in der Nähe des ersten Sees. Auf einmal hörte ich die Laute von Rostgänsen. Sie erschienen mir damals wie ein großer Trost. Nun wusste ich: Es konnte nicht mehr weit sein zu den Häusern von Gokyo, denn diese Enten sind mittlerweile so berühmt, dass sie in jedem Reiseführer erwähnt werden. Inzwischen gibt es ein weiteres Pärchen, wahrscheinlich die nächste Generation. Täglich mehrmals fliegen sie von einem See zum anderen. Tatsächlich erschienen kurze Zeit später ganz rechts hinten die Lichter der verschiedenen Lodges. Völlig ausgepumpt von meiner gewaltigen Tagesetappe verlangte ich nach einem reichhaltigen Essen und einem Lager, das ich alsbald aufsuchte. Anderntags, als ich am dritten Gokyo-See von Stein zu Stein sprang, sah ich das Entenpärchen, das mich gestern ein wenig getröstet hatte – braunorangene Himalaya-Enten.
Die Seen von Gokyo sind zugefroren und das Eis schickt seltsame Laute aus dem Untergrund. In der Nähe der Häuser von Gokyo ist ein kleiner Teil des Sees nicht vereist. An Bachläufen, Tschörten und kleinen Steinmauern vorbei, ab und zu einem Touristen begegnend, treffe ich eine Stunde nach Mittag ein. Hunger und Durst quälen mich. Andi und Malte waren sehr umsichtig und haben schon Essen bestellt. In einer Art Wintergarten – drinnen ist es sommerlich warm – genießen wir ausgiebig unser Mahl. Wir fühlen uns so wohl, dass wir beschließen, noch heute den Gipfel des Gokyo Ri zu besteigen. Der Mond ist kurz vor dem Vollwerden, somit können wir ohne weiteres in der Dunkelheit wieder absteigen. Andi nimmt seine 16 mm-Kamera mit, um eine der letzten Gipfelstunden im alten Jahr aufzunehmen.
Es ist gut, dass es auch einfache Fünftausender mit technisch leichtem Aufstieg gibt. So können viele Touristen in den Genuss eines ein-

zigartigen Panoramas kommen, das sich von diesem 5434 Meter hohen Gipfel in besonderer Weise bietet. Allein der Blick auf vier Achttausendern ist den Aufstieg allemal wert: In allernächster Nähe der Cho Oyu, der Mt. Everest und der Lhotse als Nachbarn und weiter hinten im Osten der Makalu. Dazu die Spitzen der Siebentausender Pumo Ri, Gyachungkang, Nuptse und Gaurisankar, darunter ein Gipfelmeer von Sechstausendern. Besonders am heutigen Spätnachmittag bietet sich ein überaus schönes Bild. Neben dem letzten Licht auf der Gipfelpyramide des Mt. Everest taucht an seiner tibetischen Westseite der Lichtball des fast vollen Mondes auf. Zusammen mit einem amerikanischen Pärchen aus Seattle nehmen wir diese Stunde meditativ in uns auf. Ich bin unendlich dankbar, solche Augenblicke in meinem Leben erfahren zu dürfen. Obwohl es kalt geworden ist, bleiben wir noch ein wenig und betrachten die Gebetsfahnen, die in die Dämmerung hineinflattern.

Wir entschließen uns, noch einen Tag in Gokyo zu bleiben. Das Wetter ist beständig und wir haben einfach noch Zeit. Die Ruhe hier oben ist einzigartig. Vormittags schlendern wir zum vierten Gokyo-See, um die Gedenktafel für Reinhard Karl aufzusuchen. Obwohl wir zu viert die Gegend absuchen, werden wir nicht fündig. Im Gegenteil, wir verlieren uns sogar gegenseitig aus den Augen. Plötzlich ist jeder von uns hinter irgendwelchen Hügeln verschwunden, und eigentlich wollten wir zusammen in Richtung Cho Oyu-Südwand wandern. Ich rufe, aber niemand gibt Antwort. So verweile ich noch eine Zeitlang am Ufer des vierten Sees. Gedankenverloren werfe ich Steine auf sein schillerndes Eis. Wie eine einfache, monotone Melodie klingt es, wenn sie so dahinrutschen. Immer wieder dazwischen das unheimliche und sich rasend schnell ausdehnende Knacken, wenn das Eis irgendwo springt.

Schon gestern war mir der markante Felsgipfel des Thorak Soso hinter dem Gokyo Ri aufgefallen. Zu Malte sagte ich noch: „Irgendwie hätte ich wahnsinnig Lust hinaufzusteigen.“ Was tun mit dem ange-

fangenen Tag? Ich werde ein Stück zu Fuß hinaufwandern, völlig zwanglos. So gehe ich los und komme über große Felsblöcke an einen mit Gras bewachsenen Hang. Der Boden ist trocken, manchmal gefroren, südseitig ist er ein wenig angetaut. Stets habe ich die gewaltige Südwand des Cho Oyu vor mir, seinen nahen Gipfel, seine Schneefahne. Es ist, als spürte ich sie im Gesicht. Von den anderen weit und breit keine Spur, erst als ich beim Aufstieg den ersten Sattel des Thorak Soso erreiche, sehe ich weit, weit weg zwei winzige Gestalten. Als ich rufe, meine ich, eine Antwort zu bekommen, vielleicht bilde ich es mir aber auch nur ein, denn eigentlich ist es zu windig. Zu einem zweiten Sattel hin liegen einige Schneefelder. Teilweise kann ich sie umgehen, dann breche ich wieder ein. Meist ist es nicht so schlimm, so tief ist der Schnee nun auch wieder nicht, dennoch strengt es mich an. Je höher ich komme, um so kälter wird es. Alles was Wärme gibt, ziehe ich mir über. Weder habe ich etwas zum Essen dabei noch zum Trinken, trotzdem kann mich plötzlich nichts mehr davon abbringen, auf den Gipfel des Thorak Soso zu steigen. Mit 5800 m ist er nicht besonders hoch im Angesicht der Achttausender. Aber ich muss bei dem immer mehr zunehmenden Wind schon auf die Zähne beißen. Noch ein paar Höhenmeter, dann erreiche ich einen Rücken mit losen Steinplatten. Als ich einmal stolpere, klirren die Platten wie Eisschollen. Die Westflanke des Mt. Everest wird nach und nach deutlicher sichtbar. Plötzlich, als würde ein hellgoldener Ball am östlichen Horizont erscheinen, geht der Mond auf. Eine für mich heilige Minute. Hatte ich gestern auf dem Gokyo Ri gedacht, die Gipfelstunde wäre ein Höhepunkt, so ist dieser Moment noch eine Steigerung. Ehrfürchtig bleibe ich stehen und schaue und schaue. Ich bin nicht besonders religiös, aber in einem solchen Augenblick empfinde ich tiefen Respekt vor der Schöpfung.
Dann stapfe ich weiter, Schritt für Schritt. Statt der Steinplatten geht es nun über größere Felsblöcke weiter, zum Teil ist leichte Kletterei erforderlich. Ich komme höher und höher, sehe hinüber zu den

Schneebergen in der Nähe des Nang Pa La, und weiter hinten am Horizont erblicke ich die Gipfelkette des Rolwaling mit dem 7125m hohen Gaurisankar. Die Kletterstellen werden anstrengender, aber ein Blick nach oben zeigt mir, dass es bis zum höchsten Punkt nicht mehr weit ist. Schon sehe ich einen Tschörten mit Gebetsfahnen. Als ich auf meine Uhr blicke, ist es halb drei Uhr nachmittags und es ist der 28. Dezember. Ein azurblauer Himmel wölbt sich über mir. Noch ein paar Schritte, dann bin ich am Tschörten des Gipfels des Thorak Soso. Mutterseelenallein setze ich mich auf meinen Rucksack und blicke in die Runde. Ich bin ein wenig müde, aber glücklich. Der Mond ist an der Westflanke des Mt. Everest schon ein gutes Stück höher gestiegen, der markante Gipfel des Makalu setzt sich in einem hellen Blaugrau vom Horizont ab. Vor allem aber ist es der nahe Cho Oyu, der mich fasziniert. Wie gerne würde ich einmal an seiner tibetischen Seite ein Stück höher steigen.

Während ich so dasitze, lasse ich das vergangene Jahr noch einmal Revue passieren. Viel ist geschehen. Erst die Ausstellung zum 75-jährigen Bestehen der Franz-Fischer-Hütte im Oberreintal 1998, parallel dazu die Arbeit an den Büchern über die Geschichte des Oberreintals und über den Hüttenwirt Franz Fischer. Im Allgäu, meiner Heimat, erwarb ich einen Bauernhof, um dort einmal die Idee, mit einer Wahlfamilie zu leben, zu verwirklichen. Und jetzt das Musiktrekking. Manches davon wird mir vielleicht noch einmal neue Horizonte aufzeigen, wer weiß. Im Vordergrund steht für mich auf jeden Fall immer der Mut, Neues zu beginnen.

Ich mache noch ein paar Aufnahmen, dann steige ich langsam und vorsichtig über die großen Felsblöcke ab. Sobald diese Zone wieder in den verschneiten Grashang übergeht, komme ich rascher voran. Als ich den Pfad zur Cho Oyu-Südwand erreiche, umgibt mich bereits die Dämmerung. Durst quält mich und hungrig bin ich auch. Meine Augen gewöhnen sich schnell ans Mondlicht, so dass ich den Rückweg zu den Häusern von Gokyo problemlos finde. Plötzlich meine ich einen Pfiff zu hören, dann noch einmal ganz deutlich. „Charly", ruft da jemand. Andis oder Maltes Stimme ist es nicht, soviel kann ich heraushören.

„Yes, I'm here." antworte ich.

„Here Tsewang and Manbir", kommt es zurück. Dann stehen sie auch schon bei mir. Irgendwie hatten sie geahnt, dass ich durstig bin, bringen doch glatt eine ganze Thermoskanne Tee mit. Ich bin ihnen so dankbar. Später bei den Freunden in der Lodge ist die vorzügliche Pizza nur noch eine Ergänzung.

Silvester in Lukla

Das Jahr ist zu Ende. Gestern sind wir in einem Zug von Gokyo nach Namche Bazar abgestiegen. Ein wolkenloser Tag war uns beschieden. Der zweite Gokyo-See hat uns dabei noch einmal zu einem Spiel mit Steinen auf seinem glasklaren Eis eingeladen. Eine halbe Stunde haben wir an seinem Ufer gesessen und Kiesel um Kiesel über den zugefrorenen See hinausrutschen lassen. Irgendwie hatte ich dabei das Gefühl, dass wir für kurze Zeit in unsere Kindheit zurückgefallen waren, so unbeschwert fühlten wir uns, von nichts und von niemandem beobachtet. Wir vier: Andi, Malte, Tsewang und ich im weiten Raum des Himalaya.

Heute sind wir in der Dorfszene von Namche Bazar, bei „Helmer's Bakery", und schlagen uns die Bäuche mit Cinnemonrolls, Schoko-Croissants und Milchkaffee voll. Später versuchen wir nach Deutschland zu telefonieren, sämtliche Leitungen sind aber hoffnungslos überbelegt. Auch bei einem späteren Versuch kommen wir nicht durch. Stattdessen schlendern wir ein wenig durch die malerischen Gassen mit ihren Souvenirläden und handeln allein schon um des

Handelns willen mit den gut aufgelegten Sherpafrauen um ein paar Yakglocken. Was sollen wir auch viel mitnehmen? Unsere Rucksäcke sind zum Bersten voll. Am Abend überreden wir Sherpa Gyalzen zu einem Billardspiel. Nie zuvor hatte Gyalzen einen Billardstock in der Hand, man kann sich die Situation vorstellen, als er erstmals auf die farbigen Kugeln zielt. Bob Marley's Songs klingen aus der Musicbox, zur Abwechslung dann John Lennon und Brian Adams, lauter Klassiker, die uns hier im Dämmerlicht der Poolbar in eine fast wehmütige Stimmung bringen. Was soll's, wir lassen uns noch einmal Whisky Cola eingießen. Malte darf im nächsten Spiel die weiße Kugel ins Dreieck der Bunten jagen, eine Kugel mit halbem Ring verschwindet im linken Eck in der Tiefe. Gyalzen spielt mit mir.

Am letzten Tag des Jahres zieht ein nebelverhangener Morgen herauf, es ist grau in grau. Nicht ein Himalaya-Berg ist zu sehen. Seit dem Schneefall am Lamjura-Pass von Junbesi hatten wir kein schlechtes Wetter mehr. Malte ist in aller Frühe auf, er will auf jeden Fall rechtzeitig draußen in Lukla sein, um unsere Flüge nach Kathmandu zu buchen und um uns ein Quartier zu besorgen. Noch bevor Andi und ich auf den Beinen sind, verlässt er Gyalzen`s Haus. Wir hören ihn nur noch, wie er sich bei Gyalzen für alles bedankt und wie er sich verabschiedet: „Bis zum Sommer, Gyalzen. Namaste." Kurz darauf weckt uns Gyalzen. Auch Asman Tamang beordert er zum Frühstück und Sheila, seine 18-jährige Küchenhilfe, ein unscheinbares, schmächtiges Mädchen mit einem frischen Lachen. Dass sie ein wenig schielt, fällt dann gar nicht mehr auf. Asman und Sheila werden Andi und mir heute beim Tragen helfen. Das Hackbrett, eine Gitarre, der Köcher für die Filmkamera, das Stativ, die schweren Rucksäcke – das alles muss heute noch nach Lukla. Serki, die Tochter Gyalzens, bereitet uns köstliches Tibetan Bread zum Frühstück, dazu ein feines Omelett. Noch einmal können wir der morgendlichen Szene beiwohnen, wie Gyalzen frisches Wasser in die zehn Silberbecher seines Buddhaschreins gießt und Kräuter in einem Weihrauchgefäß entzündet und damit durch sein Haus schreitet, um es dadurch vor bösen Geistern zu schützen, und wie er dazu andächtig das „Om mani padme hum“ betet. Wir haben jetzt schon ein wenig Abstand zu unseren Musiktrekkingtagen, und wir spüren in Moment dieser tiefreligiösen Zeremonie, dass uns Tage von unschätzbarem Wert geschenkt worden sind. „Om mani padme hum“, murmelt Gyalzen wieder.

In dem mit grauen Steinen gepflasterten Hof seines Hauses verabschieden wir uns. Zwei große Dokos sind bereits gepackt. Asman Tamang muss mein schweres Hackbrett schleppen, Sheila die Gitarre, unsere Schlafsäcke und sonstige Kleinigkeiten. Gyalzens Tochter schenkt mir im Moment des Abschieds eine kleine tibetische Yakglocke. Vom ersten Augenblick an hatte ich für Serki eine gewisse Sympathie empfunden, fast fühle ich mich durch dieses kleine Geschenk ertappt. Noch einmal hängt Gyalzen Andi und mir einen Katak um, als Zeichen für Dank und für die Hoffnung auf Wohlergehen und Wiedersehen. Namaste, Gyalzen, ich fühle, wie meine Augen wässrig werden. Unwillkürlich fällt mir dabei die Szene von 1993 ein, als ich Gyalzen und seine Frau Galmo erstmals vor ihrem Haus angetroffen hatte. Und wieder beschäftigt mich das Rätsel, weshalb ich mich vor sechs Jahren ausgerechnet in seinen Hof verlaufen habe. In Peter Matthiesens Buch vom Schneeleoparden habe ich gelesen, dass die Buddhisten sagen: „Wenn du bereit bist, wird dein Lehrer sich zeigen.“ Und Gyalzen ist, was asiatische Sichtweisen betrifft, so etwas wie ein Lehrer für mich geworden. Seine Bescheidenheit, sein Gleichmut in stressigen Situationen, seine Gelassenheit beeindrucken mich auf der Hütte jedes Jahr aufs Neue. Als ich mich bei Gyalzen für die letzten zwei Wochen und vor allem für seine Freundschaft bedanke, streicht er mir übers Gesicht. Tashi, der kleine Tibeterhund, springt an Andi und mir hoch. Namaste, Gyalzen, Serki, Tsewang und kleiner Dawa. Das trübe Wetter soll uns über unseren Abschied hinwegtrösten, so scheint es, als wir Sherpa Gyalzens Haus

in seiner Heimat Namche Bazar verlassen. Drüben am Stupa begegnen wir schon am Morgen ein paar Tibetern, die ein wenig trockenes Holz für ihre Zeltfeuer gesammelt haben. „Tashi delek", grüßen sie uns mit heiterer Miene.
Am Nachmittag erreichen wir Lukla. Die Gassen des Ortes sind grau und nass, der Schmutz bleibt uns an den Schuhen kleben. Das Dorf ist voll von Trekkern, heute morgen ist kein Flug nach Kathmandu möglich gewesen. Andi und ich sind ziemlich geschafft, aber auch froh, hier zu sein, denn zeitweise mussten wir Teile des Gepäcks von Sheila mit übernehmen, immer wieder war sie schweißüberströmt stehen geblieben. Nicht dass sie gejammert hätte, das verbot ihr Stolz. Aber es tat uns doch irgendwie leid, ihr so viel aufgeladen zu haben. In Sherpa Dawas „Himalaya-Lodge" hat uns Malte Quartier bestellt. Auch konnte er für uns drei, dank Dawa, drei Flüge für morgen früh ergattern. Obwohl er ganz sicher eher einer der letzten war, der um ein Ticket anfragte, hatten es irgendwelche verschlungenen Wege möglich gemacht, dass wir gleich morgen früh wegkommen. Vielleicht liegt es doch daran, dass Dawa gar zu gern bei Andi als wahrscheinlichem neuen Hüttenpächter des Watzmann-Hauses anheuern möchte. Am warmen Ofen nehmen wir zusammen mit Asman und Sheila ein Dhal bhat ein. Die beiden kichern nur, unterhalten können wir uns kaum, denn Asman und Sheila sind des Englischen nicht mächtig. Freudestrahlend nehmen sie ihren Trägerlohn entgegen, und dann drückt Sheila mir völlig überraschend einen Kuss auf die Wange. Ich bin schon ziemlich erstaunt, dass sie sich solch einen Schritt zutraut, aber dann freue ich mich einfach. So etwas noch in den letzten Stunden des alten Jahres! Asman und Sheila winken uns zu, dann verschwinden sie in den trüben Gassen von Lukla. Wieder ist dieses Abschiedsgefühl da. Abschiede sind es, die meines Erachtens nach die größten Emotionen freisetzen. Schmerz, Verlust, Angst, Liebe, Hass und Gleichgültigkeit verstärken sich im Abschied um ein Vielfaches.

Am Abend unterhalten Malte, Andi und ich die Gäste mit Gitarre, Hackbrett und Schlagzeug. Andi hat sich ganz plötzlich als gar nicht so schlechter Schlagzeuger entpuppt. Trekker aus aller Herren Länder applaudieren uns und Dawa lässt einen Whisky Cola nach dem anderen auffahren, als ob er der Sache mit dem Watzmann-Haus Nachdruck verleihen möchte. Unbehagen beschleicht uns bei soviel Aufmerksamkeit. Wir suchen das Weite und verlaufen uns zu später Stunde noch in eine kleine Diskothek. Andi wirft gleich die nächste Runde.
Ich traue meinen Augen nicht. Ist das nun eine Sherpani oder nicht? Ich kann es kaum glauben. Ein hübsches Mädchen in typischer Sherpakleidung – schwarzer, schwerer Stoffrock und quergestreifte Schürze – tanzt im Dämmerlicht der Disco zu englischer Rockmusik. Ein ungewohnter Anblick. Auch Malte, Andi und ich wagen uns auf die Tanzfläche, ein blaues Spotlicht geistert durch den kleinen Raum, die Zähne der Tanzenden blitzen weiß auf. In einem Mix aus Alkohol und Leben drehe ich mich um die Sherpani, während ein Oldie der Siebziger aus dem Lautsprecher tönt. Das Leben kann so „berauschend" sein. „Kannst du mir sagen, wie spät es ist, Andi?" – „Zwanzig nach zwölf ist es schon, Charly." Unbemerkt sind wir in ein neues Jahr gerutscht.

Bei Wangers daheim

Klaus Wanger, den derzeitigen Koordinator des DAV Summit Clubs für Nepalbesucher in Kathmandu, kenne ich kaum, eigentlich nur durchs Telefonieren wegen des Stromaggregats, das wir ja dann doch nicht benötigten. Ich glaube, dass er und seine Frau Agathe unsere Individualistengruppe, als wir uns Anfang Dezember im „Dechenling

Garden-Restaurant“ zum ersten Mal begegnet sind, eher ein wenig belächelt haben. Dennoch, die Idee des Musiktrekkings gefiel ihnen, und als sie jeden einzelnen von uns näher kennen gelernt hatten, war der Draht zueinander rasch gefunden.
Nach unserer Rückkehr aus dem Khumbu-Gebiet sind wir zum Essen in ihre Privatwohnung in Patan eingeladen. Zu dem köstlich zubereiteten nepalesischen Essen – Reis mit Tofu, Dhal bhat, Gemüse, Chicken mit Granatapfel – gibt es köstlichen französischen Rotwein. Wir tauschen Gedanken aus, erzählen von unseren Erlebnissen unterwegs. Agathe wiederum erklärt uns mit fachmännischem Wissen, und doch auf eine lebendige Art, religiöse und historische Zusammenhänge über das Kathmandu-Tal. Von den frühen Herrschern der Gopalas und Kiratis, von den Licchavis und den Thakuris. Sie führt uns hin zu den Malla- und Shah-Dynastien und beschreibt ausführlich die neuere Zeit der Rana bis in die Mitte des 20. Jahrhunderts mit ihren, Königen gleichgestellten Premierministern. Zum Schluss streift sie auch noch die heutige aktuelle politische Lage Nepals mit der Mehrparteienregierung und der konstitutionellen Funktion des Königs. Normalerweise hält sie Ausführungen solcher Art über politische, religiöse und kulturelle Themen nur als Fremdenführerin für Summit Club-Gäste. Aber so kommen auch wir nun ausnahmsweise in den Genuss. Während wir beim Nachtisch aus Apfel mit Joghurt angekommen sind, will Klaus von uns wissen, wie wir die nächsten Tage in Kathmandu planen. Er hätte da nämlich ein paar Ideen: „Wie wär's mit einem Auftritt auf Haatibans Höhen vor Waisenkindern der Nepalhilfe Beilngries“, fragt er in unsere Runde. „Nicht schlecht, denn ein paar öffentliche Auftritte in Kathmandu würden uns gut zu Gesichte stehen und unsere Musikreise nach Nepal durchaus aufwerten“, antworte ich ihm. Aber nicht nur in Haatiban würden uns Klaus und Agathe gern spielen sehen. Auch in der Königsstadt Bhaktapur und im klassischen Rana-Bau des Babar Mahal, das heute Handycraft-Läden und ein Café beherbergt.

„Jetzt beginnen wir einfach mal im ‚Haatiban Resort', dann sehen wir weiter", ergreife ich das Wort, denn während Erich das musikalische Interesse unserer Gruppe wahrnimmt, fühle ich mich eher für das organisatorische zuständig. Völlig unausgesprochen gefällt mir die geradlinige Art von Klaus, Dinge anzupacken, die mir bzw. uns entgegenkommen. Am Dienstag Nachmittag also im Garten des „Haatiban Resort-Hotel", ca. 20 km außerhalb von Kathmandu.
Wir haben noch einen lustigen Abend bei Agathe und Klaus. Der Rotwein mundet. Carolin, Erich und Beeker erzählen von ihrer Stuttgarter Band, Andi und Ebi unterhalten sich übers Filmen, während Malte und Simon in ein paar herumliegenden, deutschen Zeitungen blättern. Ich selbst tausche mich mit Klaus über so manche frühere bergsteigerische Unternehmung aus. Christoph, der fünfjährige Sohn von Klaus und Agathe, spielt nebenher mit seinem nepalesischen Freund. Parvati, die Haus- und Küchenfrau der Wangers, verantwortlich für das vorzügliche Essen, bringt uns Kaffee, während wir der sphärischen Saxophon-Musik des Norwegers Jan Garbarek und der mystischen Flötenmusik des Inders Hariprasad Chaurasia lauschen.

Musik für Waisenkinder

Für halb zehn am Morgen hat Klaus Wanger für uns einen Kleinbus bestellt. Seit neun stehen wir mit unseren Instrumenten an der Straße, die ostwärts das Thamel-Viertel verlässt, in der Nähe des neuen Königspalastes, dort wo eine kleine Gasse zum „Dechenling Garden-Restaurant" von der Hauptstraße wegführt. Täglich sammelt sich am Gasseneingang ein übelriechender Müllhaufen an, hauptsächlich stinkende Plastiktüten, aber auch vergorene Obstreste und halbleere, verschimmelte Büchsen gammeln vor sich hin. In braunen, ekelhaften Wasserpfützen am Rande der Müllhalde spiegelt sich im matten Licht die Morgensonne. Hunde kratzen mit ihren Pfoten Essensreste aus dem Unrat, während sich ein paar bettelnde Frauen an dem Müllhaufen, der an einem Eck brennt, wärmen. Ein Schuhputzer verlässt nebenan sein Nachtlager. Junge einheimische Männer hängen an einer mit Werbeschriften bemalten Ziegelmauer bunte, indische Cottondecken auf.

Carolin und Erich sitzen auf meinem Hackbrettkoffer und rauchen gelangweilt eine Zigarette. Andi, an ein schwarzes Eisengitter gelehnt, liest das Neueste in der „Kathmandu Post", Simon und Malte hocken müde vor ihren Gitarren. Die letzte Nacht war etwas länger als sonst. Beeker und Ebi handeln mit einem Teppichverkäufer auf der anderen Straßenseite. Und ich bin schon fast auf hundert, weil sich der Bus, der uns in die Nähe des „Haatiban Resort-Hotels" bringen soll, immer noch nicht blicken lässt. Zum x-ten Mal laufe ich vor zum Kreisverkehr, dort wo der Treffpunkt ausgemacht ist: Kein Bus weit und breit. Schon schauen mich meine Freunde ungläubig an. „Ich glaube, das wird heute nichts mehr", bemerkt Carolin leicht genervt. Zum hundersten Mal nervt ein Bettler Carolin. „Da hätten wir auch noch eine Stunde länger schlafen können", teilt sie mir etwas verärgert mit. „Ich bin sicher, dass Wangers mit den Kindern warten", gebe ich zu bedenken.

Mich ärgert nicht nur der Pessimismus meiner Freunde, auch die Lässigkeit des Busfahrers, uns womöglich versetzt zu haben, macht mich wütend. Sämtliche fernöstlicher Gelassenheit ist dahin, ungeduldig reiße ich dem Verwalter im Dechenling-Hotel den Telefonhörer aus der Hand. Am anderen Ende der Leitung ist der Haatiban-Resort-Manager. Tatsächlich ist der Bus ohne uns nach Haatiban gefahren, und Klaus Wanger ist mit den Kindern längst oben am Champadevi-Berg oberhalb der Haatibanhöhe. „Los, packt eure Sachen, wir fahren mit dem Taxi", entfährt es mir im Befehlston. Rasch packen wir unsere Instrumente und verstauen sie in und auf drei alten Pkw's.

Bald haben wir den Smog der Stadt hinter uns. In einer ländlichen Gegend fahren wir an einigen Dörfern vorbei. Eine passartige Straße führt hinauf zum Ort Pharping, der durch seinen dem Gott Vishnu geweihten Tempel bekannt ist. Auch Teiche mit außergewöhnlich klarem Wasser gibt es dort. Verständlich, dass die Frauen von Pharping hauptsächlich hier ihre Wäsche waschen. In einer Waldlichtung tut sich der Parkplatz auf, wohin uns der alte hellblaue Kleinbus hätte mitnehmen sollen. Doch hier steht kein Mensch, weit und breit ist niemand zu sehen. Da, hinter einem Holzhaus, kommt ein Parkplatzwächter hervor, mit abgehacktem Englisch versucht er uns zu erklären, dass in Kürze ein Landrover vom „Haatiban Resort-Hotel" herunter käme. Auf einem sonnigen Fleck am Rande des Parkplatzes lassen wir uns nieder. Im Schatten ist es empfindlich kühl, es ist schließlich erst Anfang Januar. Mein Ärger ist verflogen und die Spannung, die vor zwei Stunden plötzlich zwischen uns aufgetaucht war, ist in eine freundliche Atmosphäre umgeschlagen. Meine innere Stimme gab mir also doch recht, dass Klaus und Agathe mit den Kindern auf uns warten würden. Das wäre eine schöne Blamage für uns gewesen. Schwamm drüber.

Eine halbe Stunde später sitzen wir auf weißen Plastikstühlen im Park des Haatiban Resort-Hotels. Das Hotel gehört, wie auch das „Dechenling Garden-Restaurant" in Kathmandu, Phintso, dem Bhutanesen. Hauptsächlich wird es für Besucher des DAV Summit Clubs reserviert. Ungestört können sie hier an klaren Tagen die Aussicht auf die Gipfel des Rolwaling-, Helambu- und Langtang-Himalaya genießen. Auch der niederste aller vierzehn Achttausender, die Shisha Pangma, ist von hier aus zu sehen.

Beim Hotelmanager, einem etwa vierzigjährigen, etwas rundlichen Einheimischen, erkundigen wir uns nach Klaus, Agathe und den Waisenkindern. Die sind noch unterwegs, erklärt er uns freundlich.

„Wie viel Kinder sind es denn", frage ich ihn.

„Ungefähr zwanzig", meint er. „Die müssten bald zurückkommen, denn für 13 Uhr ist das Mittagessen bestellt.“, teilt er uns noch mit. Dann verschwindet er wieder im Hotel, das als rustikaler und gemütlicher Rundbau errichtet worden ist.

Auf einem glatt gemähten Rasen unter ein paar Föhren sind die Stühle aufgestellt, davor drei Tische, auf denen appetitlich das Mittagessen angerichtet ist: Hamburger, Chips, Kartoffeln, Fleischbällchen, frisch geschnittene Karotten und Gurken, Pommes, Tee und Cola. Nun fehlen nur noch die Kinder. Da kommen sie aber auch schon den Wald heruntergetollt. Neben Klaus und Agathe mit Sohn Christoph und Köchin Parvati noch drei Frauen, die als Betreuerinnen für die 18 Waisenkinder dabei sind.

Es sind Mädchen und Jungen gemischt, allesamt nette Kinder. Im krassen Gegensatz zu den Gassenkindern von Kathmandu sind sie alle sauber gekleidet, gewaschen, gekämmt und tragen ordentliches Schuhwerk. Wo anfangen, wo aufhören – Einzelschicksale von Waisenkindern, die vom Netz der Nepalhilfe Beilngries aufgefangen werden konnten. Kinder, die nach dem Verlust ihrer Eltern als Ausgleich eine Art großes Los gezogen haben, im Vergleich zu den vielen in bitterer Armut lebenden, verwahrlosten Kindern in den Städten Nepals. Fast kommt es mir vor, als würden diese Kinder hier wie in einem Glashaus leben. Völlig abgeschieden und abgeschirmt, dem Elend entronnen, leben sie in einer scheinbar heilen Welt mit Schulordnung und wesentlich weniger Konflikten.

Fast schüchtern reichen uns die Kinder ihre Hände, aufgemuntert durch ihre Betreuer. Von der Seite betrachte ich meine Freunde. Keiner ist dabei, der nicht gerührt wäre angesichts der stillen und zurückhaltenden Kindergesichter mit ihren geheimnisvollen, schwarzen Augen. Uns nach dem Schicksal der Einzelnen zu erkundigen, dazu kommen wir nicht. Es wäre auch irgendwie zuviel. Das eine oder andere Kind würde sich zurückgesetzt fühlen, wenn man es nicht fragen würde.

Unsere Aufgabe ist es hier, den Kindern unterhaltsame anderthalb

Stunden zu schenken. Recht bald haben sich die Tabletts auf den Tischen geleert. Noch ein Stück Brot und einen Schluck Cola dazu, dann ist es an der Zeit, die Instrumente auszupacken. Die Kinder nehmen schon langsam im Halbkreis Platz. Ein wolkenloser Himmel spannt sich über uns, und auf der gegenüberliegenden Talseite leuchten die schneeweißen Gipfel des Himalaya. Nur noch das leise Rascheln des Windes in den Föhren ist zu hören. Die Kinder blicken gespannt auf uns. Wie gewohnt gibt Erich das Zeichen für den ersten Takt. Die Stückfolge ist meist dieselbe. Dennoch, seit Namche Bazar spielen wir heute erstmals wieder zusammen. Es läuft super. „In der Schanz", „Schneider-Bayrischer", „Kishiniever", „Schönauer". Die Kinder haben sichtlich Spaß. Ich glaube nicht, dass sich bisher jemand die Zeit genommen hat, ihnen Musik zu schenken. Carolin und ich waren uns von Anfang an im Klaren, dass Musik das verbindende Element unserer Reise sein wird, dass unsere Musik die Herzen der Menschen öffnen wird. Dass sich uns nun gerade hier die Möglichkeit bietet, einen kleinen sozialen Beitrag in Form eines Konzertes für die Nepalhilfe Beilngries zu leisten, macht uns ein wenig stolz, zumal ich zu Hause zwei ehrenamtliche Mitglieder dieses weit über die Grenzen hinaus bekannten sozialen Vereins, kenne. Klaus Wanger hat das für uns gut organisiert.
Erich gibt nicht nur den Takt an, er ist auch derjenige, der auf Englisch die Geschichten zu den Liedern erzählt. Immer mit viel Charme. Für mich ist Erich ein geradezu genialer Musiker, der schon viele Melodien komponiert hat. Seine Lebensgefährtin Carolin spielt nicht nur glänzend Kontrabass, sie besitzt neben ihrer sozialen Ader auch eine Portion schwäbisch-kaufmännisches Talent. So gesehen, ergänzen sich die beiden außerordentlich gut. Ich schätze es sehr, die beiden zu meinem Freundeskreis zählen zu dürfen.
Eine der drei Betreuerinnen nimmt die Liedgeschichten von Erich auf und übersetzt sie den Kindern noch einmal, soweit sie sie noch nicht verstanden haben. Beim folgenden „Resham Piriri" fällt ihr das

besonders leicht, weil es bekannt ist. Saßen die Kinder bisher verhalten und still auf ihren Stühlen, so tauen sie bei diesem Lied augenblicklich auf. Ja, sie summen sogar mit. Fünf Minuten etwa dauern die beiden Strophen des „Resham Piriri“ – fünf Minuten, die sich für immer in unser Gedächtnis eingraben, so intensiv ist der Funke, der überspringt. Erichs verhaltene Einleitung, der Beginn meines Solos, die Fortsetzung des Solos durch Carolin mit ihrem Tenorhorn, der gemeinsame Refrain und der Schluss mit allen Instrumenten zusammen. Von Anfang an hat uns diese Melodie verzaubert.

Andi und Ebi sind damit beschäftigt, den ganzen Nachmittag mit der Kamera festzuhalten. Leider muss Ebi wegen eines anderen Filmauftrages schon morgen heimfliegen. Auch ihn, mit seiner stillen, sensiblen Art habe ich während dieser Reise schätzen gelernt. Wieder wird mir die Einmaligkeit dieser Reise bewusst, fast befällt mich so etwas wie Trauer.

Wenn die Aufmerksamkeit nachzulassen beginnt, wenn die Zuhörer unruhig werden oder gähnen, dann sollte man aufhören. Wenn Kinder lange still sitzen sollen, ist dies noch deutlicher zu spüren. Wir spielen noch ein langsames, bayrisches Stück im Drei-Viertel-Takt, den „Mürztaler“. Carolin liebt dieses Lied. Auch wenn es ein sehr einfaches Stück ist, so hat es trotzdem etwas Warmes, Melancholisches und Würdiges. „One more Resham Piriri“, meldet sich eines der Mädchen und dann gleich noch einer der Jungen: „One more“. Da können wir schlecht nein sagen, also noch einmal „Resham Piriri“.

Es ist empfindlich kalt geworden, schon beginnen sich die Instrumente zu verstimmen und auch meine Finger, die die Hackbrettschlegel umklammern, sind steif geworden. Es ist Zeit, einen unvergesslichen Nachmittag zu beschließen, der so schräg begonnen hatte. Während wir noch die Instrumente verpacken, wandern die ersten der Kinder und ihre Betreuerinnen durch den Wald hinunter zum Bus. Und wir nehmen den Rest der Schar in unsere Mitte.

Die Newars

Ulrich Gruber

„Die Newars sind bedeutende Kulturträger im Himalaya-Königreich und pflegen seit altersher hochentwickelte, künstlerische Traditionen. Ihnen vor allem ist das heute noch existierende historische Bild der Siedlungen im Kathmandu-Tal zu verdanken. Neben einer Stadtarchitektur, die dem Besucher große Bewunderung abnötigt, haben sie ein hochdifferenziertes, aber oftmals reichlich verwirrendes Sozialsystem entwickelt. Die Newars vereinen mongolische mit indoarischen Volkselementen und besitzen eine tibeto-burmesische Sprache mit eigener Devanagari-Schrift, die auf Sanskritwurzeln zurückgeht. Sie gehören sicherlich zu den ältesten Bevölkerungsgruppen Nepals, und man könnte meinen, der Bodhisattva Manjushri persönlich habe sie im Kathmandu-Tal angesiedelt, nachdem er die Wasser des alten Sees zum Abfließen gebracht hatte. Ihre komplexe Gesellschaftsstruktur reicht vom Stadtbauern über kleine Landbesitzer, Handwerker bis zu Großkaufleuten, Architekten, Künstlern, Gelehrten und sogar Priestern, die sowohl dem Hinduismus als auch dem Buddhismus dienen. Die hinduistischen Priester der Newars heißen Deo Brahmanen, die buddhistischen Vajra Acharyas. Es ist charakteristisch für die Newar-Gesellschaft, daß sich hier die beiden Hochreligionen aufs engste mischen, dass Hindu-Götter und buddhistische Schreine gleichermaßen mit Pujas – religiösen Zeremonien – verehrt werden. Eine weitere Besonderheit sind die Guthis, städtische Genossenschaften, die religiöse sowie soziale Belange regeln und die Tempelanlagen in den Städten des Kathmandu-Tals verwalten. Kathmandu ist heute auf westlich-zivilisatorische Weise verstädtert; rein traditionelle Kleidung ist immer weniger zu sehen. Wer dagegen Patan oder Bhaktapur durchstreift, dem fallen die Frauen in schwarzen, mit einem roten Rand verschehenen Saris auf, deren Hand- und Fußgelenke meist reich tätowiert sind. Die Männer tragen eine weiße, eng geknüpfte Hemdenjacke mit einem Gürtelband und einer Weste darüber. Es sind Jyapus, Stadtbauern, die eine bäuerliche Sonderentwicklung des Kathmandu-Tales darstellen – sie wohnen in der Stadt, während ihre Äcker außerhalb liegen. Die Newars sind die feierfreudigsten Einwohner Nepals. Laufend finden sie sich zu meist religiösen Festen zusammen, wobei immer großer Wert auf eine reichhaltige Tafel mit Reis, Büffelfleisch, Gemüse, Pickles, Joghurt sowie erhebliche Mengen von Tschang und Rakschi, vergorenen Getreidemost und klarem Schnaps, gelegt wird. Besondere Erwähnung verdient der Heiratsritus: Die Mädchen werden im Alter von sieben bis neun Jahren symbolisch mit einer göttlichen Bel-Frucht vermählt, die als Erscheinungsform Vishnus gilt. Diese Ehe mit einem Götterwesen gilt als unauflöslich und erleichtert später nach der Heirat das Schicksal der Frau, wenn sie möglicherweise geschieden oder gar Witwe wird, denn sie bleibt ja weiterhin mit der Bel-Frucht verheiratet. Im übrigen ist die Newar-Frau als besonders selbständig und selbstbewusst bekannt. Nach der Hochzeit nimmt die junge Ehefrau schnell ihren Platz in der Familie ihres Ehemannes ein und setzt sich in der neuen Umgebung durch."

Japanisches Transparent

Anke, das neunte Mitglied unserer Gruppe, die uns eigentlich als Journalistin von Anfang hätte begleiten sollen, fliegt heute, nach bestandener Magisterprüfung in Japanologie, von Frankfurt ab und stößt morgen Nachmittag zu uns. Schade, dass sie heute Abend bei unserem Auftritt im „Dechenling Garden Restaurant" nicht dabei sein kann. Dafür habe ich eine andere gute Idee, Anke eine Freude zu machen und ihr im Namen aller zu ihrem Studienabschluss zu gratulieren. „Herzlich willkommen dem Magister der Japanologie" Und das in japanischen Buchstaben auf einem weißen Transparent am Balkon unseres Hotels befestigt – das müsste doch gut aussehen? Eine weiße Stoffbahn ist kein Problem. In der Stoffstraße unterhalb des Tahiti Tol gibt's genug davon, und unter den internationalen Trekkern Kathmandus dürfte es kein Problem sein, eine japanisch schreibende Person zu finden. So ist es auch. Im Café „Pumpernickel" spreche ich einen jungen Japaner an. Auf meine Frage, ob er mir die sechs Wörter, die ich auf einen Zettel geschrieben hatte, schriftlich übersetzen könne, blickt er mich zuerst erstaunt an und fragt dann nur noch: „For what is it?"

„For one of our friends. She just finished her Japanese studies", antworte ich in meinem stets einfachen Englisch.

„Aha", nickt der junge Japaner, und beginnt dann zu übersetzen.

Das nächste Glück: Ein Tuk-Tuk-Fahrer kennt einen Mann, der Autokennzeichen malt. Der könnte der Richtige sein für mein Anliegen. Am Ende der Hunbahal-Gasse in Richtung Durbar Square soll sich seine Werkstatt befinden. Mittags mache ich mich auf, schlage mich durch die belebten Gassen, drücke mich an Rikschafahrern vorbei, durch die Stoffauslagen zwischen Tahiti Tol und Indra Chowk. Immer wieder höre ich hinter mir: „You want change dollars? Hasch, Marihuana. Very cheap." Einfach nicht reagieren! Mir ist die letzte Schwarzmarktaktion in Varanasi 1993 noch in schlechter Erinnerung, als mich Inder in eine Sackgasse locken wollten, ich aber gerade noch rechtzeitig ihre Absichten durchschaute. Mag sein, dass man mit Schwarztausch einen besseren Kurs erzielt, in jedem Fall ist erhöhtes Risiko mit einzukalkulieren.

Der Akash-Bhairav-Tempel liegt an einer der Hauptschlagadern Kathmandus. Hier schlägt das Herz der Metropole und man kann den Puls der Altstadt fühlen. Gläubige Hindus verehren und berühren die allgegenwärtigen Ganesh-Altäre. Ganesh, der elefantenköpfige Sohn Shivas, gilt auch als Gott des Reichtums und

Erfolgs. Inmitten der Stoff- und Vorhangläden, der Goldschmiede und Antiquitätenhändler klingeln die Fahrer der bunt bemalten Rikschas: „Hello, Mister. Rikscha? Very cheap." Wohl die am meisten benutzten Worte eines solchen „Drivers", der tagaus, tagein zwischen leeren Colakisten, Korbwaren, duftenden Kosmetikartikeln und Teppichrollen, zwischen Gemüsehändlern, bunten Pulloverstapeln und gebügelten Hosen auf seinem Fuhrwerk unterwegs ist.
In dem ganzen Straßengetümmel schleppt ein alter Newari im Sukuwal, einer Hose mit tief hängendem Schritt und mit dem Istkot, der nepalesischen Weste, seinen schweren Reissack. Stets darauf achtend, dass ihm sein Duku, der nepalesische, spitz zulaufende Hut der Hindus, nicht vom Kopf fällt. Nichts kann ihn aus der Ruhe bringen, weder das Gehupe der Motorräder und Tuk-Tuks, noch das Stimmengewirr der Gemüse- und Obsthändler. Ebenso wenig stört sich daran ein in aller Seelenruhe dahin trottender Bulle, genau so wenig die graue Kuh, die weiter vorne aus einem weißen Plastikeimer Reste von zerfallenem Gemüse frisst.
Holzbauten des richtig alten Kathmandu, mit ihren kunstvollen Balkonen und Fenstern, sind umbaut von unverputzten Ziegelbauten. Dazwischen Baustellen oder ein zerfallenes Haus. Eine Frau beobachtet mit starrem Blick aus dem fünften Stockwerk das Geschehen auf den Straßen. Ein paar Meter weiter trocknen bunte Wäschestücke auf einer Leine im Smog der Stadt. Ich staune, was es alles an einem einzigen Fleck dieser faszinierenden Stadt gibt. Eine Männergruppe sitzt auf farbigen Plastikstühlen vor einem Lokal und trinkt Tee, während elegante Frauen in den verschiedenstfarbigen Saris vorbeischlendern. Neben dem Laden mit kunstvollen Thankas verkauft einer Plastikklobürsten. Gleich gegenüber gibt es gehäkelte, farbige Wollbikinis. Stofftaschen und Reispapierwaren warten auf Käufer, und nebenher staubt der Ladenbesitzer seine CD's und Kassetten ab. Eine Weile bleibe ich stehen, dann frage ich einen älteren Einheimischen, welches denn die Hunbahal-Gasse sei.

„This way, this way. Where are you from", antwortet und fragt er mich gleichzeitig.
„I'm German", teile ich ihm mit, tue aber so, als ob ich in Eile wäre.
„Namaste", grüßt er mich noch, dann tauche ich in die dunkle Gasse ein, die südwärts zum Durbar Square führt. Am Ende dieser Gasse müsste mein Maler sein, wenn es mir richtig beschrieben wurde. Hier, in der Hunbahal-Gasse, im ältesten Newari-Viertel Kathmandus, ist es bei weitem stiller. Kein Autoverkehr, keine Tuk-Tuks, nur ab und zu rattert ein Motorrad vorbei. Die Newari sind keine homogene Gruppe, werden aber durch die gemeinsame Sprache und die kulturelle Tradition zusammen gehalten. Aus den Einflüssen Tibets und Indiens gleichermaßen schufen sie eine eigenständige Kultur. Diese Synthese ist vor allem im religiösen Bereich spürbar, hier findet man eine Verbindung von hinduistischen, buddhistischen und animistischen Elementen. Die typische Bauweise der Newari mit den mehrstöckigen Ziegelhäusern mit Stall oder Geschäft im Erdgeschoss findet man auch hier.
Es ist die Gasse der kleinen unscheinbaren Läden, die den Besitzern meist auch noch als Wohn- und Schlafzimmer dienen. Rechts von mir hockt ein Inder im Schneidersitz auf seiner Matratze und studiert die neueste Tageszeitung. Sein Geschäft ist der Verkauf von Saris, Umstands- und Nachthemden. Wenn das Tagesgeschäft vorüber ist, wird er seine eisernen Rollläden herunterlassen und sich danach auf seiner Matratze ausstrecken, bis der neue Tag beginnt. Dann wird er den Rollladen wieder hochziehen und der Kreislauf beginnt von neuem – tagein, tagaus.
Links drüben befinden sich vor allem Läden mit billigem Frauenschmuck wie Tikas (Newari) oder Bindis (Hindi), das sind religiöse Zeichen, die in ihrer modernen Form als dekorative Aufkleber zwischen den Augen auf der Stirn der Mädchen und Frauen aufblitzen. Neben diesen Tikas gibt es aber auch noch anderen Plastikschmuck wie Halsketten, Ohrringe, Armreifen, Haarschmuck und dergleichen.

Es ist ein einziges Farbenspiel, das da im Schein der bescheidenen Ladenlampe glitzert und schimmert, ganz im Gegensatz zur dunklen Hunbahal-Gasse, die nur manchmal durch das Licht eines mit grauen Steinplatten ausgelegten Hinterhofs erhellt wird. Dort stehen einzelne Grünpflanzen, und ein dünner Pipalbaum lässt sein dürftiges Blätterdach in Richtung Licht und Sonne wachsen. Eine junge Frau blickt versonnen aus einem Fenster im Hinterhof, während eine Schar Kinder einem grünen Ball hinterher jagt.

Einige Meter weiter blicke ich durch ein Fenster in einen Laden, der ebenfalls durch einen Hinterhof begrenzt ist. Ein junger Mann staubt hier seinen Motorroller ab, als ob er ein Heiligtum wäre. Geradezu grotesk wirkt dieses Produkt der Technik inmitten der Jahrhunderte alten Häuser. Im Laden frage ich den Besitzer, was er verkaufe.

„I sell umbrellas and tresors", gibt er mir freundlich mit einer tiefen, sonoren Stimme zu verstehen. Unwillkürlich muss ich ein wenig lachen ob dieses Gegensatzes.

„I think you're from Germany", stellt er fest, dann meint er noch: „Do you like a very good umbrella from Nepal?"

„No, thank you", danke ich für die Freundlichkeit. Ich will aber noch wissen, was so ein Tresor kostet.

„The small one is cheaper and the bigger one is more expensive", erklärt er mir lachend und sagt weiter: „Sorry, Mister, between fifty and hundred dollars."

„Thank you, Mister. Have a good time and a good business", antworte ich ihm meinerseits freundlich. Und während ich wieder auf die dunkle Gasse hinaustrete, lacht er mir noch nach. Ein angenehmer Mensch.

Als stünde der Zeiger der Zeit für Momente still, so wirkt die Hunbahal-Gasse für einen Augenblick auf mich, wenn nicht gleich vorne an der Ecke ein junger Mann an Radios und Computern herumhantierte. Dort geht eine Mutter im gelben verblichenen Sari mit ihren drei Kindern spazieren. Das jüngste hat sie auf ihren Rücken gebunden. Neben dem Gewürzhändler rattert emsig die Nähmaschine eines Schneiders. Dann macht die Hunbahal-Gasse einen Bogen und mündet ein paar Meter weiter in die Hauptstraße ein, die zum Durbar Square führt. Fische und gerupfte Hühner werden am rechten Straßenrand zum Kauf angeboten. Den Käufern sind die zahllosen Fliegen auf den toten Tieren völlig gleichgültig.

Gegenüber des Fischladens aber befindet sich – ich erkenne es sofort an den rot-weißen Nummerschildern – meine Malerwerkstatt. Hier soll mein erhofftes Plakat hergestellt werden. Ich bin einigermaßen erstaunt, in dem Gassenwirrwarr den für mich richtigen Mann gefunden zu haben – und zuvor denjenigen, der überhaupt um die Werkstatt wusste. Nun stehe ich wirklich davor und frage mich wie so oft, weshalb sich manchmal alles fügt und manches Mal Dinge einfach daneben gehen. Ein etwa dreißigjähriger, drahtiger fleißiger Mann ist gerade dabei, einem Tuk-Tuk ein Nummernschild aufzumalen. Ihn grüße ich freundlich: „Namaste."

„Namaste, Sir. Do you need something?"

„Yes, I do." Dabei zeige ich ihm meine weiße Stoffbahn, die ich nebenher aus meinem Rucksack geholt habe, und den Zettel mit den japanischen Zeichen dazu.

„I need this Japanese signs in this size. And between – if it's possible – some flowers."

„For tomorrow morning?"

„Yes."

„300 Rupees, Mister", sagt er, nimmt dabei meinen Stoff und trägt ihn in seine, einem hohlen Würfel ähnelnde Werkstatt, wo halbleere Farbbüchsen, Nummernschilder und Motorradtanks neben etlichen gebrauchten Pinseln für ein typisches Malerflair sorgen. Farbige Bildchen von Shiva, Vishnu oder Ganesh dürfen nicht fehlen. Mein Maler scheint aber auch schon in südlichen Gefilden am Indischen Ozean gewesen zu sein. Wie käme er sonst darauf, ein riesiges Ölbild mit Palmen und Sonne zu malen? Aber wer weiß, vielleicht war das auch so ein verrückter Auftrag wie meiner, der nur nie abgeholt wurde. Verblüfft darüber, wie leicht sich das alles ergeben hat, mache ich mich auf den Heimweg. Durch die belebten Gassen eile ich zurück zum „Shree Antu", als ein kräftiger Schauer die staubigen Straßen Kathmandus auf einen Schlag in ein einziges Pfützenmeer verwandelt. Ich hätte doch beim Mann mit den Tresoren einen „Umbrella" mitnehmen sollen.

Auftritt im „Dechenling"

Soeben komme ich vom Frühstück im Pumpernickel ins Hotel „Shree Antu" zurück, da läutet das Telefon. Klaus Wanger ist am Apparat: „Du, Charly, wie wär's denn heute Abend mit einem Auftritt eurer Gruppe im „Dechenling Garden-Restaurant"?"
„Und zu welchen Anlass?", will ich von ihm wissen.
„Phintso veranstaltet eine Party und ich hab ihm von euch erzählt, da meinte er, es wäre doch nicht schlecht, wenn ihr, bevor die eigentliche Band auftritt, mit euren Instrumenten den Abend einleiten würdet."
„Schön, tolle Idee", entfährt es mir lachend, „die anderen sind zwar momentan alle beim Frühstücken, aber ich entscheide jetzt ganz einfach mal, dass wir kommen. Am Nachmittag rufe ich dich zurück. Ich dank dir jedenfalls für deinen Anruf, Klaus."
„Servus, Charly, bis später."
Obwohl ich ziemlich erkältet bin, ist meine Stimmung fantastisch, vor allem gefällt es mir, dass Klaus für uns soviel und so geschickt arrangiert. So hat unser Kathmandu-Aufenthalt noch ganz nebenbei eine kulturelle Seite. Schade nur, dass Malte flach liegt. Irgendetwas ist ihm auf den Magen geschlagen. Matt und blass kämpft er schon

seit gestern gegen Schüttelfrost und Fieber. Beeker und Simon, die für einige Tage in den Süden Nepals gefahren sind, wissen natürlich überhaupt nichts von dem überraschenden, bevorstehenden Auftritt heute Abend. Ich kann nur hoffen, dass sie rechtzeitig mit dem Bus aus dem Chitwan Nationalpark zurückkommen.

Gegen Mittag kommen Erich, Carolin und Andi vom Frühstücken aus irgendeinem der zauberhaften grünen Restaurantgärten in Thamel zurück. Sofort teile ich ihnen mit, dass Klaus Wanger für uns einen Auftritt im „Dechenling" arrangiert hat, ich ihn angenommen hätte und dass wir diesen nicht einfach absagen können. Erich und Carolin blicken ein wenig erstaunt, aber sie kennen mich und wissen, dass ich Dinge, die ich einmal ausgemacht habe, ungern sausen lasse. Es ist nicht so, dass ich nicht nachgeben könnte, aber in manchen Fällen muss man Entscheidungen auch mal alleine treffen. Andi ist hellauf begeistert, es ist sowieso einer seiner letzten Abende während dieser Reise, denn am Sonntag muss er wegen beruflicher Verpflichtungen zurück nach München.

„Und wie spielen wir heute Abend? Nur zu dritt? Malte ist krank, Beeker und Simon sind nicht da", wirft Erich fragend ein.

„Notfalls müssen wir das, aber ich hoffe, dass die beiden noch rechtzeitig zurückkehren. Es wird bestimmt ein schöner Abend", sprudelt es in einer Art Vorfreude aus mir heraus.

„Ich werde gleich noch Chris und ihren Freund anrufen. Vielleicht haben die beiden auch Zeit zu kommen", ruft Andi gut gelaunt dazwischen.

„Wer sind denn Chris und ihr Freund", frage ich neugierig.

„Du weißt doch, das amerikanische Pärchen aus Seattle, die vom Gokyo Ri. Vielleicht haben die beiden ja Lust."

„Ach so", sage ich unbeteiligt, als würde es mich gar nicht interessieren, aber im Grunde freut es mich auch, wenn ich das sympathische Pärchen wiedersehe. Carolin, die die ganze Diskussion bis jetzt wortlos verfolgt hat, sagt endlich auch mal einen Satz. Nur einen, aber der freut mich um so mehr. Es ist der Satz, den sie immer dann ausspricht, wenn ihr etwas besonders gut an mir gefällt, sei es in den letzten Jahren auf der Hütte oder hier in Nepal: „Der Herr Wehrle!" Sofort weiß ich: Die Sache mit dem „Dechenling" gefällt ihr. Es gefällt ihr, wenn sich etwas bewegt, wenn sich etwas tut. Hinter einer guten Idee Carolins „Ja" zu spüren, macht mir die Sache um so wertvoller. Obwohl ich kein guter Redner bin und ebenso wenig ein musikalischer Profi, liebe ich das Kribbeln vor solchen Auftritten. Lampenfieber oder innere Spannung – auf alle Fälle ein Elixier, das meinem Leben immer schon Intensität verliehen hat. Den Nachmittag verbringen wir oben auf der Hotelterrasse. Wir lesen, duschen und richten uns für die feine Gesellschaft her. Beeker und Simon treffen Gott sei Dank noch rechtzeitig ein. Um 19.30 Uhr etwa sollen wir dort sein.

Durch die Hauptstraße von Thamel schleppen wir unsere Instrumente. Dabei fällt mir wieder auf, wie schwer mein Hackbrettkoffer samt Inhalt ist. Wie schwer hat Tamang Chiete schuften müssen für billige 300 Rupien am Tag! Die ganzen Touristen, die bunten Läden, Auslagen, Galerien, Teppichgeschäfte, Rikschas und Tuk-Tuks schaffen eine besondere Stimmung. Die abendliche Beleuchtung macht den Spaziergang zum „Dechenling-Garden" zu einem einzigen Lichterspiel. Die mystische nepalesische Flötenmusik, die aus den CD-Läden heraus über die Straße klingt, verstärkt dieses Bild noch – als wären die Melodien eigens für diese Welt komponiert worden. Wieder kommen wir an dem Plastikmüllhaufen vorbei, an dem wir vergangenen Dienstag vergeblich auf unseren Bus gewartet hatten. Diesmal ist es dunkel, doch es bietet sich uns kein anderes Bild. Die verwahrlosten Kinder mit ihren Müttern sitzen wieder da und wärmen sich an der Glut des stinkenden, glostenden Mülls. Wieder scharren ein paar herrenlose Hunde nach etwas Fressbarem. Daneben hat jemand auf einer dürftigen Decke sein Nachtlager ausgebreitet. Die Dunkelheit deckt mit ihrem Mantel die ärgste Armut zu.

Vorne am Gartentor des „Dechenling“ tauchen wir in den absoluten Gegensatz ein. Gutaussehende junge Damen und Männer, ältere, schon etwas ergraute Herren mit ihren Ehefrauen, allesamt fein gekleidet. Dass sie wohlhabend sind, sieht man auf den ersten Blick. Es ist ein Teil der Oberschicht Kathmandus, die hier eingeladen und versammelt ist. Das schlechte Gewissen, das uns noch vor fünf Minuten am Müllhaufen verfolgte, wird einfach vergessen. Es ist schon frappierend, wie schnell der Mensch den Verdrängungsmechanismus in Gang setzen kann. Der Wachmann in Uniform am Gartentor tut noch ein übriges. Man will nicht gestört sein. Ich staune immer wieder, mit welcher Gelassenheit die zum größten Teil am Existenzminimum lebende Bevölkerung diese sichtbare Ausgrenzung hinnimmt. Wohl weil es keine andere Möglichkeit gibt oder weil das Schicksal es so gewollt hat. Man lebt eben so. Ein Stück asiatischer Philosophie, Lebenskunst, Gleichmut oder Fatalismus.

Im ganzen Garten sind Feuerstellen verteilt. Gruppen von Gästen wärmen sich daran, während nebenbei gegrillt wird. Am Eingang zum Restaurant duftet es wunderbar nach indischem Curry. Dann erscheint die Kathmandu-Band. Fünf sympathische einheimische Männer, sportlich gekleidet, so um die dreißig Jahre alt. Einer von ihnen könnte der Zwillingsbruder von Bob Marley sein: Gleiche Gestalt, gleiches Gesicht, gleicher Bart, gleiche Haarpracht. Es ist nicht schwer zu spüren, dass er sich in dieser Rolle gefällt. Drei Gitarren, ein Schlagzeug und einen Synthesizer haben sie neben der normalen Verstärkeranlage dabei. Dann kommt Phintso zur Türe herein, der etwa 25-jährige Veranstalter, im Ledersakko und feinen schwarzen Hosen. Phintso ist gerade dabei, als „Kronprinz“ seines Vaters in dessen Geschäftswelt einzusteigen. Dennoch, dem sympathischen Mann sieht man seinen Reichtum nicht an. Von Klaus und Agathe werden wir ihm und gleichzeitig auch den einheimischen Musikern vorgestellt. „Nice to meet you“ hier und „Nice to meet you“ dort, und ein vielfaches Händeschütteln. Wir sind aufgenommen.

Zum ersten Mal treffen wir hier in Nepal direkt auf andere Musiker, sieht man einmal von Mister Tulsi, dem Brahmanen und Musikerfreund Erichs, ab. Nichts von Argwohn oder Eifersüchtelei oder dergleichen ist zu spüren. Im Gegenteil, als Gastmusiker dürfen wir sogar mit unserem Repertoire die erste Stunde des Abends übernehmen. Gerade als wir dabei sind, unsere Instrumente aufzubauen, blicke ich zur Türe und sehe, wie eine blonde Frau das Innere des Raums betritt. Es ist Chris, die Amerikanerin, aber ohne Begleiter. Leider ist ihr Mann überraschend krank geworden.

Erich, sichtlich stolz auf seine Musikgruppe, gibt das Startzeichen, dabei wippt er leicht mit dem rechten Fuß und zählt gerade noch hörbar ein: „Eins, zwei – eins, zwei drei, vier." Schon bei den ersten Takten verfliegt mein Lampenfieber, das angesichts der vielen Zuhörer schon beträchtlich war. Die tolle Stimmung in diesem Nebenraum des Restaurants beflügelt uns gleich von Anfang an. Wir spielen wie aus einem Guss. Schade, dass Malte nicht dabei ist. Nach drei Stücken machen wir jeweils eine kurze Pause. Jedes Mal bekommen wir leidenschaftlichen Beifall.

Während der Pausen tauschen sich hauptsächlich Erich und Carolin als Berufsmusiker mit den einheimischen Musikern aus. Einige Gäste bestaunen mein Hackbrett und immer wieder werde ich gefragt, ob es schwierig zu lernen sei und ob man bei den vielen Saiten nicht die Übersicht verlieren würde. „Es mag von außen schwierig erscheinen. Dennoch, ich bin Autodidakt und habe erst im Alter von 25 Jahren angefangen, also kann es nicht so schwer sein", antworte ich geduldig auf alle Fragen.

Dann sind die Nepali-Stücke an der Reihe, niemand von den Gästen weiß natürlich, dass wir drei einfache einheimische Melodien im Repertoire haben. Im Nu ist die Stimmung auf einem ersten Siedepunkt und alles singt mit beim „Resham Piriri". Carolin bekommt für ihr Tenorhorn-Solo extra Beifall. Aber auch das zweite und dritte Lied finden großen Gefallen und viel Zustimmung. Nach einer kur-

zen Erfrischung beschließen wir unsere Stunde mit einem „Bayrischen“. Danach muss ich mich erst einmal umziehen, ich bin völlig nassgeschwitzt. Innerlich völlig entspannt und zufrieden, fühle mich nach diesem Auftritt leicht wie eine Bettfeder. Glücklich auch darüber, dass Simon und Beeker noch rechtzeitig eingetroffen waren. Dass sie mitspielten, rechne ich ihnen hoch an, denn während unserer Musikrunde stellte ich fest, dass ihr Glas immer nur mit Wasser gefüllt war. Den gestrigen Abend hatten sie wohl in einer Bar verbracht. Ein dickes Kompliment an die beiden. Noch während wir unsere Instrumente einpacken, verschwinden Beeker und Simon aus unseren Blicken.
Dann spielen die Einheimischen auf: ein Klassiker aus den 60-ern und 70ern nach dem anderen: Beatles, Stones, Pink Floyd. Wir haben nun Zeit, fantastisch zubereitetes indisches Essen zu kosten. Rotwein, Bier, Whisky – alles, was das Herz begehrt. Zwanglos können wir uns unterhalten. Die Musik der Kathmandu-Band wird dadurch nicht beeinträchtigt, sie ist laut genug. Dann hat „Bob Marley“ seinen Auftritt. Leise beginnt er mit einem Lied über Pokhara, die Stadt am Phewa-See zu Füßen der Annapurna, aus der er stammt. Dann immer voller und kräftiger werdend, seine Stimme von den anderen instrumental voll unterstützt: „Po-kha-ra, Po-kha-ra“. Die drei Silben nehmen plötzlich alle im Raum Anwesenden in ihren Bann und alles singt mit. „Bob Marley“ ist in seinem Element. Wie schade, dass es dieses Stück nicht auf Kassette gibt. Nicht genug mit „Pokhara“. „No woman no cry“, der Evergreen von Bob Marley schlechthin folgt, und weitere alte Hits lassen den Abend zu einem großen Erlebnis werden. Dann und wann braust tobender Beifall auf, bis dann der Höhepunkt ganz plötzlich spürbar überschritten ist und die Unterhaltung miteinander zur Hauptsache wird. Jeder befindet sich in gelöster, guter Laune. Nur schade, dass der Rotwein ausgegangen ist. Gerne hätte ich noch mit Klaus und Agathe, denen wir in erster Linie diesen Abend verdanken, angestoßen.

„Ich danke euch beiden ganz außerordentlich."
„Keine Ursache, Charly", meint Agathe. „Ihr seid so nette und sympathische Leute. Für uns wart Ihr eine wohltuende Abwechslung", fährt sie fort. Und weiter fragt sie mich: „Wann kommst du denn wieder nach Nepal?"
„Ich bleibe jetzt erst einmal da, weil ich mit Beeker und Anke, die morgen kommt, noch die Annapurna umrunden will."
„Bestimmt schön im Januar, keine Touristen... Ich war 1980 dort, das ist lange her. Jetzt scheue ich mich ein wenig, noch einmal hinzugehen, weil sich bestimmt viel verändert hat. Auf jeden Fall wünsche ich euch jetzt schon viel Spaß. Hoffentlich habt Ihr gutes Wetter. Wenn Ihr zurückkommt, mache ich noch einmal ein Essen bei uns daheim."
„Da freue ich mich jetzt schon drauf, Agathe."
Es ist leer geworden im Garten, und auch wir verabschieden uns langsam – es ist schon Mitternacht.
„Phintso, danke, für die Einladung."
„You're welcome, Charly, nice to meet you and your friends. See you again."
Der Wachmann am Gartentor steht stramm, als wir grüßen, und vorne am Müllhaufen ist die Glut immer noch nicht erloschen.

Konzert in Bhaktapur – Changu Narayan

Anke Schulze

Weihnachten 1999.
Jeden Abend kurz vor dem Schlafengehen sitze ich vor meiner Musikanlage, in der eine Kassette mit drei nepalesischen Stücken läuft. In den Händen halte ich die Gitarre und versuche, mit den

Akkorden, die mir mein Gitarrenlehrer herausgesucht hat, den unbekannten Liedern zu folgen. Ganz allein sitze ich hier in meinem Zimmer, während die anderen in Nepal ihr Musiktrekking nach Namche Bazar längst beendet haben. Ich wollte nur zu gerne mit ihnen zusammen fahren, musste jedoch noch für meine letzten Prüfungen lernen – was sich ja auch gelohnt hat, denn nun bin ich endlich fertig und Magister der Japanologie. Yeah! Und Anfang Januar fliege ich hinterher.
Anfangs klingt die Musik noch ungewohnt. Unbekannte Instrumente, andere Harmonien. Aber wie so oft bei asiatischer Musik: Je länger man sie hört, um so schöner oder interessanter wird sie. Ich versuche, diese Musik zu verinnerlichen und mir den merkwürdigen Rhythmus einzuprägen. Die nepalesischen Lieder sind so anders als die bayrischen: komplizierter, aber dafür auch reizvoller.
Am 8. Januar fliege ich nach Kathmandu. Am nächsten Tag komme ich dort auf dem Flughafen an, wo Charly bereits auf mit wartet. Mit dem Taxi geht es ins Hotel. Während Charly mir im Schnelldurchlauf die Ereignisse des letzten Monats erzählt, versuche ich, die ersten Eindrücke aufzusaugen und einzuatmen. Doch es sind zu viele auf einmal. Charlys Erzählungen bekomme ich nur zur Hälfte mit. Ich kann einfach nur gucken und gucken – „Wow, du hast es geschafft und bist in Nepal!"
Als ich den Hotelhof betrete, sehe ich oben an der Balustrade des einen Balkons ein weißes Transparent hängen. Es dauert einen Moment, bis ich realisiere, dass es japanische Schriftzeichen sind, mit denen mir die anderen zu meinem Studienabschluss gratulieren wollen. Geschmückt ist das Ganze noch mit Blumenkränzen aus orangefarbenen Studentenblumen. Damit werden eigentlich Verwandte und Freunde verabschiedet, oder man kauft sie für einen Besuch im Hindutempel. Es ist wie ein Blumenstrauß zum Geburtstag.
Nach dem gemeinsamen Trekking der anderen nach Namche Bazar und den verschiedenen Touren sind nun wieder alle im Hotel ver-

sammelt. Eine ganz merkwürdige Stimmung herrscht: aufgekratzt und euphorisch. Bei den anderen sind es wohl die Erlebnisse des Trekkings und des ganzen letzten Monats überhaupt. Bei mir ist es die Wiedersehensfreude und die Freude darüber, endlich frei zu sein. Keine Uni mehr, keine Prüfungen, erst einmal keine Probleme, die zu lösen sind, und sieben Wochen Nepal, die noch vor mir liegen. Sieben Wochen, auf die ich mich schon so lange gefreut habe.

Als ich am Nachmittag durch Kathmandus Innenstadt laufe – von Thamel aus Richtung Durbar Square – komme ich mir anfangs wie ein Eindringling vor, fühle mich in der unbekannten und doch so wunderbar bunten Welt noch fremd. Alle Eindrücke möchte ich auf einmal aufnehmen und im Gedächtnis speichern: die bunten Saris der Frauen oder die Kleider der Sherpani mit den gestreiften Schürzen, die verschiedenen Gemüseverkäufer mit ihrem Angebot auf der Straße, auf dem Rad oder über der Schulter, die kleinen Geschäfte, der Fleischverkäufer an der Ecke. Es gibt keine High-Tech-Waagen und die Läden sind auch nicht blankgeputzt. Fast alles wird mit Menschenkraft bewegt, in den Händen getragen und auf dem Rücken geschleppt. Das Leben in der Altstadt Kathmandus ist hart, aber trotzdem geht davon ein besonderer Reiz aus, dem ich mich nicht entziehen kann. Manche Szenen möchte ich am liebsten fotografieren, aber ich finde den Mut dazu nicht.

Als wir (mit dabei sind auch Tulsi und Dependra, zwei nepalesische Freunde, sowie Agathe und Klaus) zwei Tage später mit den vollbeladenen Taxis nach Bhaktapur fahren, bin ich ganz aufgeregt. Das Musizieren auf der Hütte, wo wir abends für die Gäste spielen, bin ich ja gewöhnt. Immer die gleichen Stücke, die schon jeder von uns kennt. Hier in Nepal jedoch weiß ich nicht, was mich erwartet.

Nach Bhaktapur zu fahren, war die Idee von Agathe und Klaus. Es sei so eine schöne alte Stadt. Doch die Schönheit der kleinen Altstadt können wir leider nur erahnen. Ohne eine entsprechende Erlaubnis, die mit einigem Geld zu bezahlen ist, dürfen wir mit unseren Instru-

menten nicht hinein. Aber was soll's. Wir spielen trotzdem. Vor dem Eingang zur Innenstadt, wo wir mit Hackbrett und Kontrabass sofort für eine große Ansammlung von Schaulustigen sorgen, packen wir unsere Instrumente aus, stimmen sie und postieren uns. Mit den bayrischen Stücken beginnen wir. Das Stimmengewirr ebbt etwas ab. Besonders den Kindern scheint es zu gefallen, was uns darin bestärkt, weiter zu spielen. Und bei den nepalesischen Liedern, die in unser Programm verpackt sind, singen sogar einige mit. Obwohl immer wieder Rufe laut werden, dass wir verschwinden sollen, haben wir die meisten der Zuhörenden mit unserer Musik angesprochen. Und so fällt es uns auch nicht schwer, nach einer Stunde die Instrumente wieder einzupacken und spontan nach Changu Narayan zu fahren, was Klaus und Agathe als Alternative eingefallen war. Der Tag ist zu schön, als dass wir jetzt schon nach Hause fahren wollen.
Changu Narayan liegt nördlich von Bhaktapur und ist das bedeutendste Vishnu-Heiligtum der Gegend. Vorbei an Feldern, Ziegelbrennereien, immer über eine staubige Straße einen kleinen Berg hoch, kommen wir dort an. Unser eigentliches Ziel ist der Vishnu-Tempel auf der Bergspitze. Vom Parkplatz aus tragen wir unsere Instrumente die vielen Stufen einer Treppe hoch, die von kleinen zweistöckigen Häusern gesäumt ist, auf der Hälfte kommen wir an einem großen Brunnen vorbei. Sofort folgt uns eine ganze Schar Kinder mit laufenden Nasen, struppigen Haaren und erstaunlich guten Englischkenntnissen.
Das Areal des hinduistischen Tempels beeindruckt mich. Es ist der erste Hindu-Tempel, den ich sehe, und deshalb bin ich erstaunt, dass er auch Lebens-, sprich Wohnraum ist. In der Mitte steht eine große Pagode, die von verschiedenen Vishnu- und Shiva-Figuren sowie kleineren Tempeln umgeben ist. Gebaut ist die Anlage aus roten Backsteinen, an allen Seiten mit reich verzierten Holztüren und Balken geschmückt. Ich weiß nicht warum, aber eines solche Architektur hatte ich hier nicht erwartet.

Der Platz ist groß und sonnig. Halbnackte Kinder laufen herum und spielen, eine Mutter sitzt auf dem Boden und entlaust ihr kleines Kind. Ein Welpe mit stumpfem Fell tapst herum. Nichts ist zu spüren von der ehrfurchtgebietende Ruhe, wie sie zum Beispiel eine große gotische Kirche ausstrahlt. Mir drängt sich der Eindruck auf, dass die Menschen hier mit den Göttern leben. Trotzdem dürfen wir auch hier nicht spielen, jedenfalls nicht ohne Bezahlung.
Wir entschließen uns, weiter unterhalb zu spielen, bei dem großen Brunnen – eine ideale Bühne. An einer Seite des Brunnens befindet sich ein kleiner Arkadengang. Dorthin stellen wir uns mit unseren Instrumenten. Ganz Changu Narayan ist versammelt, nach und nach werden wir vollends von den Dorfbewohnern umringt.
Die Situation erinnert mich an das Musikmachen in der Hütte. Auch dort nehmen wir letztlich nur einen ganz kleinen Platz ein, sind in die Menge integriert, sind dadurch mehr Teil des Ganzen als etwas Singuläres, Besonderes.
Natürlich erregen wir Aufsehen, sonst würden nicht die vielen Menschen hier versammelt sein. Gespannt und neugierig sehen sie aus. Trotzdem scheinen sie es fast als etwas Selbstverständliches zu nehmen, was mich in meiner Aufregung beruhigt. Sie schauen, amüsieren sich, aber genauso kommen immer wieder Frauen, um am Brunnen Wasser zu holen. Unser Konzert ist eine spontane Entscheidung, und genauso spontan kommen die Einwohner zusammen und bleiben während unseres Spieles stehen.
Der Tag, der in Bhaktapur so unglücklich anzufangen schien, findet in Changu Narayan einen schönen Ausklang, denn den Bewohnern gefällt unsere Musik. Und „Resham Piriri“ muss natürlich zweimal gespielt werden. Das Musiktrekking kommt hiermit zu einem Ende, das wir uns besser nicht hätten wünschen können.
Für mich allerdings ist dieses letzte Konzert erst der Beginn einer wunderbaren, eindrucksvollen Zeit in Nepal. Und es ist ein schöner Beginn, denn dadurch kann ich etwas von der Euphorie der anderen

für mich einfangen. Diese Begeisterung wird mich die ganze Zeit begleiten, ja sie wird sogar noch durch die vielen verschiedenen Begegnungen mit Nepal und seinen Bewohnern verstärkt.

Abschied

Einst hatte sich, so erzählt die Legende, in der Senke des Kathmandu-Tals ein großer, abflussloser See gebildet. Im westlichen Teil seines Wassers wuchs eine makellose Lotusblüte heran. Als sie erblühte, offenbarte sich der „Adi Buddha“ oder auch „Swayambu“ genannt – „der aus sich selbst Erschaffene“. Während einer Pilgerreise kam eines Tages der Bodhisattva Manjushri an die Ufer des Sees. Dort wollte er Swayambu verehren. Als er dreimal den See umschritten hatte, nahm er sein göttliches Schwert und schlug in die Berge, die das Gewässer aufstauten, einen riesigen Spalt – die Schlucht von Chobar. Durch diese konnte nun das Wasser gen Süden abfließen. Dort aber, wo der Lotus erblühte, bildete sich ein Hügel, auf dem später der Stupa Swayambunath erbaut wurde. Alsbald besiedelte Manjushri den fruchtbaren Seeboden mit Menschen aus dem Gebirge und schuf damit die Ortschaft zwischen dem Swayambunath-Hügel und dem Heiligtum Guyeshvari, einer Erscheinungsform der Gemahlin Shivas geweiht, auf der Ostseite des Kathmandu-Tales in der Nähe von Pashupatinath, dort wo der Lotus wurzelte.
Am Abend sitze ich auf dem Hügel von Swayambunath und schaue auf das Lichtermeer von Kathmandu. Einem unbestimmten Gefühl folgend, hatte es mich hierher gezogen. Alleine sitze ich auf einer grün bemalten Holzbank und träume. Ich denke an meine Freunde Carolin, Erich, Beeker, Ebi, Andi, Anke, Simon und Malte, an Klaus und Agathe, an Sherpa Gyalzen und unsere Träger, ohne die diese

glückliche Reise nicht zustande gekommen wäre. Ich danke euch. Neben mir sitzt ein alter buddhistischer Mönch. Als ich ihn frage, ob er Tibeter sei, antwortet er mit einer tiefen sonoren Stimme. Ja, er komme aus Lhasa. Sein zufriedenes Lachen steckt mich an und nimmt mir ein wenig von meiner Melancholie.

Dann stehe ich auf und wandere im Uhrzeigersinn um den Stupa herum, bewege all die abgegriffenen, braunen Gebetsmühlen aus Metall als Dank für eine schöne Zeit. Die Gebetsfahnen, die sternförmig von der Spitze des Stupa auf die Außenmauern der Tempelanlage herunterführen, leuchten im Licht der Halogenscheinwerfer intensiver als am Tag, die allessehenden Augen Buddhas wirken markanter als bei Tageslicht, und die goldene Kugel an der Spitze des Stupa glänzt vor der heraufziehenden Nacht wie ein zweiter Mond. Eine Zeitlang bleibe ich an der Treppe des Gebetsraumes eines südlichen Gebäudes stehen und horche den Mönchen beim Aufsagen ihrer monotonen Mantras zu. Ein dunkler Chor von Männerstimmen. Unvermittelt erscheint das Dorf Bhandar vor meinen Augen, mit seinem weißem Stupa und den Gebetsfahnen im Abendlicht und darüber die Melodie von Carolins Basssolo „Summertime". Obwohl es kalt hier oben ist, umgibt mich plötzlich wohlige Wärme. Im Gesicht eines alten Mannes, der die Gebetsmühlen drehend um Swayambunath herumpilgert, sehe ich plötzlich Gyalzen auftauchen: „Good morning, everybody", seine ersten fürsorglichen Worte jeden Morgen beim Musiktrekking.

Links drüben im Schein von Kerzenlicht sitzt eine Gruppe Einheimischer und singt religiöse Lieder, während einer von ihnen ein kleines Harmonium betätigt. Unwillkürlich sehe ich den kleinen Jungen aus Junbesi vor mir, wie er uns abends nach unserem Konzert auf seiner bescheidenen Querflöte noch einmal in eindringlicher Weise sein „Resham Piriri" vorspielte.

Langsam gehe ich weiter und komme in einen stillen Hinterhof. Dunkle Häuser stehen hier, und manche Fenster sind noch von spärlichem Licht beleuchtet, weiter hinten hat noch ein kleiner Krämerladen offen. In einem Nebengebäude ohne Türen, das mit schweren dunklen Brettern ausgelegt ist, schläft unter einer Steppdecke eine alte Frau, als wolle sie hier oben sterben. Ich sehe die barfüßige Frau mit ihrer schweren Last am verschneiten Lamjura-Pass mir noch einmal entgegenkommen. Im Schuppen nebenan befindet sich eine kreuzgangähnliche Galerie mit verblichenen Buddhabildern.

Als ich zu meiner grünen Holzbank zurückkehre und wieder auf die schimmernden Lichter von Kathmandu hinunterblicke, ist der Mond aufgegangen. Plötzlich wird mir die Nacht bewusst, ich muss mich auf den Heimweg machen.

Nachdenklich stapfe ich die steilen, grauen Steintreppen vom Swayambunath-Tempel hinunter. Unten an einem Baum steht mein Fahrrad. Eine abenteuerliche Fahrt durch die halbdunklen Randbezirke Kathmandus – mein Rad hat kein Licht – bringt mich zurück ins belebte Thamel. Junge Japaner spielen an einer Straßenecke auf ihren Gitarren amerikanische Lieder. Eine Zeit lang höre ich ihnen zu. Im „Pilgrim's Bookshop“, wo es ein gemütliches Restaurant gibt, werde ich noch ein Glas Wein trinken.

Dank

An dieser Stelle möchte ich mich bei meinen Freunden Ang Gyalzen Sherpa, Carolin Schattenkirchner, Jochen „Erich" Abel, Eberhard Niethammer, Andi Wipper, Matthias „Beeker" Bauche, Malte Jochmann, Simon Neumann und besonders bei Anke Schulze bedanken. Für den Mut, die Idee des Musiktrekkings mit zu tragen und so ein einmaliges Erlebnis daraus zu machen.
Unsere Träger Chiete, Manpuri, Harka, Asman, Pemba und Tsewang hatten an unseren glücklichen Tagen im Himalaya einen nicht unerheblichen Anteil.
Dank schulden wir vor allem auch Klaus Wanger und Agathe Schmiddunser, die uns als Nepalkoordinatoren des DAV Summit Clubs in Kathmandu nicht nur wertvolle Hilfe leisteten, sondern uns auch manch schönen Abend in Nepal ermöglichten.
Ebenfalls sind wir den Firmen „Conrad Outdoors" in Penzberg, DAV Summit Club in München, Deuter Rucksäcke in Augsburg und der Kontrabass-Werkstatt Michael Krahmer in Mittenwald sowie dem Schreiner des Hackbrettkoffers, Albert Steigenberger in Ohlstadt, für ihre großzügige Unterstützung zu Dank verpflichtet.
Bei der Arbeit an diesem Manuskript hat mich Anke Schulze in vielen Stunden stets konstruktiv beraten. Ihre nächtelange Arbeit am Computer war vorbildlich. Weiter danke ich Achim Pasold und Siggi Uttendörfer für das sorgfältige Lektorat, sowie meinen Freunden Friedemann Galm, Helmut Zebhauser, Wolfgang Opitz und Agathe Schmiddunser für das kritische Durchlesen des Manuskriptes, Hubert Wehrs für die Karte unserer Trekkingroute, Günter Heß für die Aufnahme der Musik-CD und Jochen Abel für die Verantwortung, die er für alles übernommen hat, was mit Musik zu tun hat. Dem Nepalsachverständigen Dr. Ulrich Gruber schulde ich Dank für seine wichtigen Hinweise auf Fehler und Irrtümer im Inhalt und für die Erlaubnis, einige seiner Texte zu verwenden.

Glossar / Liste der verwendeten Literatur

Bhatti: einfache Herberge oder Teestube

Bodhisattva: Begriff aus dem Mahayana-Buddhismus, mit dem ein Erleuchteter bezeichnet wird, der auf der Erde bleibt, um anderen zur Erlösung zu verhelfen und dafür das eigene Übergehen ins Nirvana verzichtet.

Brahmane: oberste Kaste des Hinduismus, die Priester und Gelehrte umfasst und zahlreiche Privilegien genoss.

Dhal bhat: nepalesisches Gericht aus Reis, dazu gibt es Gemüse, meist Linsen mit Kartoffeln, Karotten sowie Mixed Pickles.

Dhoti: von Männer getragenes indisches Wickelgewand.

Dogma: traditioneller kurzer Holzstock der Träger, die darauf während der Pausen ihre Lasten abstellen.

Doko: aus Bambus geflochtener Tragekorb.

Duku: nepalesischer, spitzzulaufender Hut für hinduistische Männer.

Dzo: Kreuzung aus Yak und Rind.

Gompa: Kloster des tibetischen Buddhismus.

Istkot: nepalesische Weste

Katak: weiße Stoffschals, die man als Freundschaftsschärpen bei Besuchen austauscht.

Khukri: nepalesischer Krummdolch

Mandala: mystisches Diagramm aus hinduistischer oder buddhistischer Tradition, das der Meditation dient.

Mani-Mauer: lange Steinmauern, gegen die Steinplatten mit eingeritzten Gebetsformeln gelehnt sind.

Mantra: mystische Silben, Worte oder Formeln, die zu Gebets- und Meditationszwecken rezitiert werden.

Momo: gefüllte Teigtasche, unseren Maultaschen ähnlich.

Nyingma-Orden: Orden des Mahayana-Buddhismus, deren Lamas rote Mützen tragen (deshalb auch der Name „Rotmützen").

Om mani padme hum: tibetisches Mantra mit der Bedeutung „Oh, du mein Kleinod im Lotos".

Sadhu : hinduistischer Heilige

Stupa: glockenförmige Kuppel, meist über geheiligte, buddhistische Reliquien gebaut.

Sukuwal: Hose mit tief hängendem Schritt.

Thamel: das Touristenviertel in Kathmandu.

Thanka: tibetisches Stoffgemälde, hauptsächlich mit Motiven von Mandalas und Darstellungen aus dem Leben der Bodhisattvas, Götterfiguren und die Versammlung der Buddhas.

Tibetan Bread: dickes, meist fettiges Fladenbrot aus Mehl und Wasser.

Tschang: traditionelles Getreidebier der Himalaya-Regionen.

Tschapati: dünnes Fladenbrot aus Mehl und Wasser.

Tschia: Milchtee

Tuk-Tuk: dreirädriges Fahrzeug, das als Taxi benutzt wird.

Yak: Last- und Nutztier aus der Büffel-Familie.

Literaturliste:

Gruber, Ulrich: Nepal. Ein Königreich im Schatten des Himalaya. Prestel-Verlag, München 1991

Gruber, Ulrich: Reiseführer Natur Nepal, Sikkim und Bhutan. BLV Verlagsgesellschaft, München 1995

Uchide, Ryohei: Everest-Treck. Verlag J. Berg, München 1991